Georg Bienemann / Werner Höbsch
Im Supermarkt der Religionen
Ein Jugendlexikon

In Zusammenarbeit mit:
Katholische Landesarbeitsgemeinschaft Kinder- und Jugendschutz Nordrhein-Westfalen e.V.

Bildnachweis:
S. 7, 15, 31, 38, 49, 77, 81, 83, 85, 88 © Georg Bienemann, Sendenhorst.
S. 36 Werner „Tiki" Küstenmacher, Die fromme Geisterbahn, S. 13. © Claudius Verlag, München.
S. 39, 44 © Peter Wirtz, Dormagen.
S. 48 l. © Keystone Pressedienst, Hamburg.
S. 57 © vividia AG / Kienitz.
S. 63 aus: Papan, die letzten Tage des Sauriers. © Lappan-Verlag, Oldenburg.
S. 69, 84 r., 86, 110 © Werner Starke, Warendorf.
S. 70 Otto Pankok, Prophet (Ausschnitt). © Eva Pankok.
S. 92 © Georg Austen, Paderborn.
S. 104 © Jürgen Weinrich, Senden.
Alle übrigen Abbildungen: Patmos-Archiv.

Die Deutsche Bibliothek – CIP-Einheitsaufnahme

Bienemann, Georg:
Im Supermarkt der Religionen: ein Jugendlexikon /
Georg Bienemann/Werner Höbsch. – Düsseldorf: Patmos-Verl., 2001
ISBN 3-491-79536-2

Nach der neuen Rechtschreibung
© 2001 Patmos Verlag GmbH & Co. KG, Düsseldorf
Alle Rechte, einschließlich derjenigen des auszugsweisen Abdrucks sowie
der fotomechanischen und elektronischen Wiedergabe, vorbehalten.
Umschlaggestaltung: Volker Butenschön, Lüneburg, unter Verwendung
folgender Bilder: oben links © Gettyone stone/Laurence Monneret,
unten © KNA, Frankfurt.
Satz: Fotosatz Moers, Mönchengladbach
Druck und Bindung: Wiener Verlag, A-Himberg
ISBN 3-491-79536-2
www.patmos.de

Georg Bienemann / Werner Höbsch

Im Supermarkt der Religionen

Ein Jugendlexikon

PATMOS

Inhalt

Ein Wort an Neugierige, Skeptische und religiös
(wenig) Interessierte 9

Hinduismus 14

Worauf du dich verlassen kannst 17

Kommentar: Wie viel Religion braucht der Mensch? 28

Buddhismus 33

Esoterik – das Tor zu einer anderen Welt? 34

Kommentar: Hochmut kommt vor dem Fall
Elitebewusstsein als Motiv für Menschenverachtung 40

Gott hat viele Namen 46

Judentum 52

Kommt das Heil aus dem Osten? 53

Der direkte Draht nach oben 60

Spökenkieker und Psi-Faktor 66

Der Mensch ist zum Glück nicht programmierbar 72

Christentum 75

Wenn Christus und Mozart wiedergeboren sind 76

Zigarettenraucher meditieren mehr 80

Rendez-vous mit den Verstorbenen 89

Religion auf dem Markt 93

Kurze Übersicht über die Szene der religiösen
Sondergemeinschaften, neureligiösen Bewegungen
und Psycho-Organisationen 95

Islam 100

Inhalt

Im Angebot: Heil und Sinn für nur 300,– DM 101

Akte X und die Geheimnisse in den FBI-Archiven 105

Hilfe, meine Freundin dreht ab! 112

Woran kann ich eine konfliktträchtige Gruppierung
bzw. Organisation erkennen? 115

Adressen für Informations- und Hilfesuchende 117

Autoren und Ansprechpersonen 119

Literatur und Infos 121

Wichtige Persönlichkeiten aus der „Szene" 124

Register 127

Ein Wort an Neugierige, Skeptische und religiös (wenig) Interessierte

In unserer großen Einkaufsstraße ist eine Frau zu entdecken, die predigt laut, wir seien von Jesus geliebt. Sie trägt ein Plakat und verteilt Gebetszettel. – Etwas weiter haben einige junge Männer in dunklen Anzügen einen Infostand. Auf ihren Namensschildern steht „Kirche der letzten Tage" oder so. Sie sind freundlich und laden in gebrochenem Deutsch zum Gespräch ein. Vor allem versuchen sie, Jugendliche und junge Erwachsene ins Gespräch einzubinden. – Um die Ecke gibt es eine alternative Buchhandlung. Dort werden neben frommen Büchern auch Tees, Heilsteine und kleine Buddha-Figuren angeboten. In dieser Buchhandlung liegen kleine Werbezettel aus. Einer dieser Zettel verspricht Heilung und inneres Wachsen. Das ist ein Angebot von A. Wüstenbrand, einer Tarot-Therapeutin. – Es sind auch Plakate vom Bildungswerk einige Straßen weiter zu finden: Einfach mal vorbeischauen! Dort wird meditiert, gefastet, mit neuen Therapien experimentiert. Da kann auch gelernt werden, die Aura zu fühlen und zu sehen. Und es gibt jede Menge an spirituellen Fragen interessierte Menschen, darauf wird ausdrücklich auf dem Plakat hingewiesen. – Wer von der Buchhandlung schräg über die Straße geht, sieht ein Türschild. Hier lebt und wirkt Anselma. Wer ist das? Anselma ist ein Medium und bietet ihre Dienste an. Bei ihr kann Rat eingeholt werden. Sie soll hellsehend sein, kann angeblich auch mit Verstorbenen in Kontakt treten und diese um Auskunft bitten. Auf dem Schild neben der geheimnisvollen Eingangstür wird noch mitgeteilt, dass Anselma eine mediale Lebensberatung anbietet, Termine nach Vereinbarung. – Und schließlich der junge Mann am Ende der Fußgängerzone: Er möchte Bücher verschenken. Aber eigentlich will er sie doch bezahlt bekommen. Ein sympathisch wirkender junger Mann mit halber Glatze, einem kleinen Zopf und einer merkwürdigen Kleidung. Ob er wohl direkt aus Indien kommt? Sein Dialekt verrät aber, dass er ein waschechter Rheinländer ist.

Wer sich für Religion und neue religiöse Bewegungen interessiert, dem oder der fällt bei einem Rundgang durch die Stadt vielleicht Ähnliches auf. Mit etwas Neugierde und offenen Augen sind unterschiedliche religiöse Aspekte zu entdecken. Wir leben im Supermarkt der Religionen und jeder und jede kann aus einer Vielzahl von Sinnangeboten auswählen und somit seine eigene Religion zusammenbasteln. Neben die großen Weltreligionen sind zahlreiche neue religiöse Anbieter getreten. Es gibt nicht nur den in Kirchen, Gruppen und Gemeinschaften klar gegliederten Markt, sondern auch den kaum zu fassenden, sich ständig wechselnden Markt der Religionen, beispielsweie in der Esoterik.

Das Buch bietet einen Einblick in den Supermarkt der Religionen. Vielen von den religiösen Anbietern geht es um Heilsversprechungen, Sinnvermittlung, inneres Wachstum, ganzheitliche Lebensgestaltung, neue Energien, Kraftorte und Rituale. Sie alle suchen Kunden und Kundinnen, die etwas aus sich machen und weiterkommen wollen. Angebot und Nachfrage, wie auf einem Markt... Je mehr Nachfrage, umso höher der Preis. Es versteht sich, auch hier gelten die Marktgesetze.

„Na und? Wer das braucht, soll's eben tun, gebrauchen, über sich ergehen lassen und bezahlen!" – Natürlich! Jeder und jede muss grundsätzlich die Freiheit haben, ggf. auch den größten Un-Sinn glauben zu dürfen, damit das Leben zu gestalten und sich gut dabei zu fühlen (wobei das nicht alles Unsinn sein muss und ist, was auf dem neuen spirituellen Markt angeboten wird). Für diese Freiheit und Offenheit setzen wir uns ein!

Aber es gilt, noch etwas anderes zu bedenken: Wir wissen von Menschen, denen ging es nicht gut mit einigen spirituellen Angeboten. Plötzlich gehörten sie einer Gruppe mit vielen Normen an. Oder sie erlebten eine Lehre, die Angst erzeugte. Da gab es auch

Anführerinnen und Anführer, spirituelle Meister, merkwürdige Therapeutinnen und Therapeuten, Trainer und Gemeindeleiter, die sehr, sehr autoritär vorgingen. Statt zu wachsen und sich positiv entwickeln zu können, passierte Gegenteiliges: Irgendwie entstanden große Löcher in der Seele. Angstzustände machten sich breit. Minderwertigkeitsvorstellungen oder Allmachtsvorstellungen wurden zu einem Problem im Zusammensein mit anderen.

Jetzt soll es hier nicht um Horrormeldungen gehen. Wir wollen nur darauf aufmerksam machen, dass es auf dem religiösen Markt unter den Anbieterinnen und Anbietern auch „schwarze Schafe" gibt. Nicht alle können das, was sie versprechen. So mancher angebliche Therapeut hat keine Ahnung von Heilungsprozessen und Gesundheit. Manche haben eine spleenige Idee – wenn man es richtig untersucht – und machen Hilfesuchende eher noch kränker.

Dieses Buch möchte zu einem differenzierten Hinsehen, zu einem genauen Prüfen der Angebote und zu verantwortlichem Entscheiden anleiten. Dazu bedarf es Informationen. Daher sind in diesem Buch viele Begriffe zu finden, die erklärt werden (Lexikon). Da sind beispielsweise auch die Begriffe zu finden, die auf diesen ersten Seiten fremd vorkommen: Tarot? Aura? Spiritualität? Medium? Esoterik? Was nicht bekannt ist, kann nachgeschlagen werden. Ferner bringen wir kleine Artikel zu unterschiedlichen (weltanschaulichen) Themen, bieten aber auch kurze Darstellungen zu den großen Religionen: Hinduismus, Buddhismus, Judentum, Christentum und Islam. Das Lexikon ist bewusst kurz und knapp gehalten. Die Artikel geben etwas mehr Hintergrund. Jeweils am Ende gibt es einige Stichworte, die zum ergänzenden Nachschlagen einladen.

Wir, die Autoren, haben eine Meinung und sind nicht neutral: Darum beziehen wir an einigen Stellen auch Position und sagen das, was nach unserer Auffassung zu sagen oder zu kommentieren ist. Jede Leserin und jeder Leser kann da eine andere Auffassung haben. Das ist okay und kein Problem für uns. Im Gegenteil: Vielleicht kommt ja eine Diskussion zu Stande. Denn es gilt: Niemand besitzt die ganze Wahrheit! Das wäre auch schon ein wichtiger Merksatz für die spätere Auseinandersetzung mit irgendwelchen Lehren oder Lehrern. Das Buch möchte ermutigen, den eigenen Standort zu finden, und Kriterien für die Entscheidung in der Vielfalt der Sinn- und Lebenshilfeangebote bieten.

Und was ist noch zu finden? Wir geben neugierig Gewordenen noch einige Tipps, wo weitere Infos zu finden sind. Es gibt auch für Informations- und Ratsuchende Adressen und Telefonnummern. Und am Ende des Buches sind auch unsere beruflichen Adressen zu finden. Wenn es eilig ist, kann bei uns angerufen werden (wir sind allerdings nicht immer da). Oft ist es einfacher, einen Brief zu schreiben oder eine E-Mail zu senden. Wir antworten. Das ist versprochen!

Wir finden es gut, wenn (junge und andere) Menschen über sich nachdenken, sich Gedanken machen über das Leben, was das alles soll und welchen Sinn es hat bzw. haben kann, wie es weitergeht hier und jetzt und auch nach dem Tod. Dieses Neugierigsein, dieses Nachfragen und Suchen ist eine wichtige Qualität. Und natürlich muss es auch möglich sein zu experimentieren, einen Weg auszuprobieren, anders sein zu dürfen und zu können, als es vielleicht Lehrer, Mitschüler/innen oder Eltern von einem erwarten. Aber auch Orientierung und Antworten zu finden ist lebenswichtig in diesem Supermarkt der Religionen. In diesem Sinne wünschen wir viele gute Erfahrungen!

Georg Bienemann/Werner Höbsch

Handlesen u
Aurafotograf

Esoteriktage in Stadthalle gut be

Seherische Fähigkeiten

„Frau Luma" hat viele Stammku

Der „Wunderheiler unterlag vor Geric

‚Reiki' neu im VHS-Angebo

de Januar beginnt das ...eldung jetzt mögl

Die weltberühmte Handleserin und Astrologin

Polizei fahndet nachts auf Friedhöfen nach Satanisten

Mit Chakra und Farbe gegen den St

ine etwas andere Behandlung

...dstrahlen und Wasseradern: ...sache für viele Krankheiten?

Geisterstimmen melden sich nun auch per Video

...tiker zweifeln an „Sprechverbindungen"

Über 82 000 junge Menschen in Sekte

Bonn (AP). Angesichts von m als 82 000 in Sekten lebenden ...dern und Jugendlichen in Deu ...hat die SPD-Fraktion im eine Untersuchung da welchen Gefahren ...usgesetzt sind. E ...tzung einer En

Hinduismus

Der Hinduismus ist in den vergangenen Jahrzehnten im Westen besonders durch einige neureligiöse Gurubewegungen bekannt geworden. Die meisten dieser Bewegungen orientieren sich an indischen Gurus oder leiten sich von solchen her.
Hinduismus ist die Bezeichnung für die große Religion Indiens. Der Name Hindu leitet sich ab von dem Fluss Indus und bezeichnet ursprünglich die Bewohner des Flusslandes. Unter der Bezeichnung Hinduismus werden unterschiedliche religiöse Strömungen zusammengefasst. Die Wurzeln gehen in die Zeit des zweiten Jahrhunderts v. Chr. zurück. Der Anfang dieser Religion ist schwer zu benennen, es gibt keine Gründerpersönlichkeit wie Jesus im Christentum oder Buddha im Buddhismus. Hindu wurde man ursprünglich mit der Geburt in eine bestimmte gesellschaftliche und soziale Ordnung (Kaste) hinein. Verschiedene Reformbewegungen haben versucht, das Kastenwesen zu verändern oder aufzuheben und die spirituelle Ausrichtung in den Mittelpunkt zu stellen. Danach können auch Menschen außerhalb Indiens dem Hinduismus beitreten.
Als Heilige Schrift gilt für den Hinduismus der Veda, was „Wissen" bedeutet. Die Veden sind eine Sammlung religiöser Schriften, die als Offenbarung gelten. Der Hinduismus kennt eine Vielzahl von Göttern, obschon die meisten Hindus nur einen Gott verehren. Zu den Hauptgöttern zählen Brahman, der als der Schöpfer der Welt gesehen wird, Vishnu, der Bewahrer, und Shiva, der Zerstörer. Das Wissen um den Kreislauf von Werden und Vergehen prägt den Glauben und das Leben der Hindus. Der Hinduismus will den Menschen einen Weg aus der Unerlöstheit und dem Leiden dieser Welt zeigen; der Glaube an die Wiedergeburt (Reinkarnation) gehört dazu wie der Glaube, dass die Taten des jetzigen Lebens sich im nächsten auswirken (Karma).
Infos: *Karma, Reinkarnation, Veden*

Alchemie ist eine aus dem Mittelalter überlieferte Praktik. Mit der Alchemie wurde durch eine Mischung aus ↗ *Magie* und Naturwissenschaft versucht, Gewalt über die Urkräfte zu bekommen und zu erkennen, was die tieferen Prinzipien der Welt sind. In Goethes „Faust" werden diese Praktiken teilweise beschrieben. Viele Alchemisten haben versucht Gold herzustellen. Vergeblich! (↗ *Metaphysik*)

Animismus (lat. anima, animus: die Seele, der Geist): Erklärung ↗ *paranormaler* Vorgänge mit Hilfe seelischer Vorgänge des Unterbewusstseins. Beispiel: Bei sog. spiritistischen Sitzungen wird gependelt (↗ *Pendel*). Die animistische Erklärung ist klar: Inhalte des Unterbewussten werden durch (unbewusste) Muskelanspannungen sichtbar. Diese werden vom Pendel übertragen. Im Gegensatz hierzu steht der spiritistische Erklärungsansatz (↗ *Spiritismus*). Damit lassen sich viele rätselhafte Erscheinungen erklären, z. B. sog. spiritistische Sitzungen. Wieso funktioniert das ↗ *Gläserrücken* oder das ↗ *Schreibende Tischchen*? – Der Begriff Animismus wird auch religionswissenschaftlich verstanden. Hier bedeutet Animismus: Lehre, die von der Beseelung der Umwelt ausgeht, vor allem von Objekten der Natur.

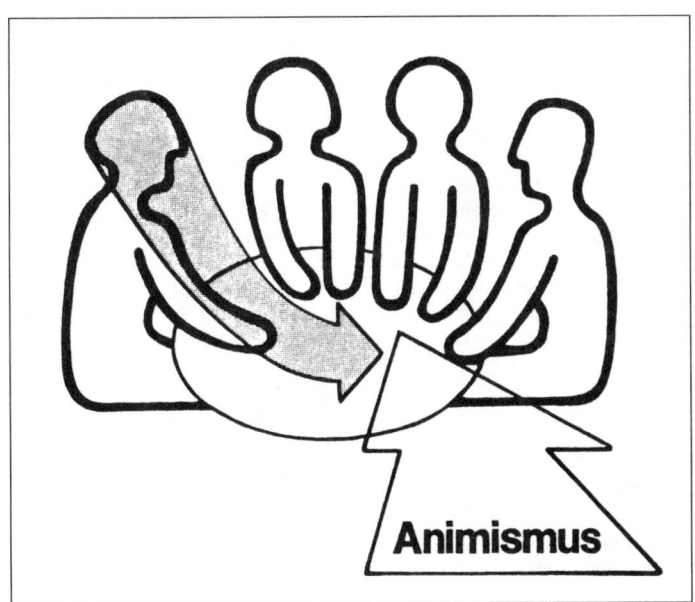

Die animistische Sicht geht von unbewussten Handlungen aus.

Anthroposophie

Apokalypse: Weltuntergang im Bild.

Anthroposophie ist eine Weltanschauungslehre, die auf ↗ RUDOLF STEINER nach seinem Bruch mit der ↗ *Theosophie* 1902 zurückgeht. Die Welt befindet sich danach in einer stufenweisen Entwicklung, die der Mensch in seinem Erkennen und Handeln nachzuvollziehen hat, um höhere seelische Fähigkeiten zu entwickeln und mit ihrer Hilfe übersinnliche Erkenntnis zu erlangen. Das passt gut zu heutigen religiösen Vorstellungen vieler Menschen (↗ *Esoterik*). In der Anthroposophie verwurzelt ist u.a. die Wiedergeburtsvorstellung (↗ *Reinkarnation*). Beachtliche Einflüsse übt die Anthroposophie auf dem Gebiet der Pädagogik durch die „Freie Waldorfschule" aus. Verbunden mit ihr ist als religiöse Organisation die „Christengemeinschaft", die organisatorisch aber von ihr getrennt ist. Die „Christengemeinschaft" hat aber nichts mit der katholischen oder evangelischen Kirche zu tun. Die Bibel wird im Sinne Steiners ausgelegt. Beispiel: Christus ist ein Sonnengott, Jesus ein Erdengott.

Apokalypse: Als Apokalypse verstehen wir zum einen verschiedene Schriften, die innerhalb des Spätjudentums entstanden sind und auch in christlichen Kreisen bekannt waren. Diese Literatur ist etwa zwischen 200 v.Chr. bis 800 n.Chr. entstanden. In diesen Schriften geht es um Zukunftsvisionen. Besonders ist hier die „Offenbarung des Johannes" zu nennen, eine Schrift der Bibel, im Neuen Testament zu finden. Die fantasievoll-fantastische Beschreibung mit der Ankündigung des Strafgerichtes und der Perspektive, in Gottes Nähe leben zu dürfen, ist Stoff vieler Spekulationen geworden. Theologen meinen, dass diese Literaturgattung in der Sprache der Mythen zur Besinnung, Veränderung und zum konstruktiven Umgang mit der Welt aufrütteln sollte. – Ausgehend von dieser Schrift verstehen wir unter Apokalypse auch das Weltende mit katastrophalen Ereignissen, wie dieses Ende immer wieder (von religiösen, fundamentalistischen Gruppen, z.B. den Zeugen Jehovas) angekündigt und gepredigt wird (↗ *Endzeit*). Die Androhung des Endes geschieht mit schaurigen Bildern. – Heute wird auch von „Apokalyptischen Ereignissen" bei großen Katastrophen gesprochen.

Fortsetzung auf Seite 21

Worauf du dich verlassen kannst

„Worauf du dich verlassen kannst" oder: „Darauf kannst du dich verlassen" – solche Sätze wollen eine Aussage, vielleicht ein Versprechen, als absolut sicher hinstellen. Worauf ich mich verlassen kann, daran ist nicht mehr zu rütteln. Das gilt. Und das darf nicht enttäuscht werden.

Jeder Mensch braucht etwas in seinem Leben, worauf er sich verlassen kann; sonst hat er keinen Halt und keinen Boden unter den Füßen. Jeder Mensch benötigt Menschen, auf die er sich verlassen kann, die ihn nicht enttäuschen, wenn es ernst wird. Aber auch im Alltag, im normalen Tagesablauf braucht der Mensch Verlässliches: dass der Wecker morgens pünktlich klingelt, dass die Brötchen morgens und abends auf dem Tisch stehen und dass der Freund, wie versprochen, anruft. Das ordnet den Tag und gibt Sicherheit.

Vielen Menschen ist die Welt zu Beginn des 3. Jahrtausends zu kompliziert und unübersichtlich geworden. Dies hat auch Auswirkungen für den Bereich des Religiösen und der Lebensorientierung: „Was soll ich noch glauben? Woran kann ich mich noch halten?" – so fragen manche Menschen. Diese Fragen gelten auch der Bibel: „Was stimmt in der Bibel, was nicht? Der eine Pfarrer legt die Bibel so aus, der andere genau anders. Ist Jesus nun von den Toten auferstanden oder ist die Auferstehung Jesu nur ein Bild?"

Da haben es Gruppen, die die Bibel wortwörtlich auslegen, schon einfacher. Zum Beispiel die Zeugen Jehovas. Hier gibt es auf jede Frage eine klare und eindeutige Antwort. Diese Antworten geben nicht nur Sicherheit in Fragen des Glaubens, sondern auch in Fragen des Lebens und der Lebensführung. Die Bibel wird als ein Buch verstanden, das den jeweiligen Autoren, also dem Mose oder den Propheten oder den Evangelisten des Neuen Testamentes, von Gott direkt in die Feder diktiert worden ist. Von daher kann kein Fehler in der Heiligen Schrift enthalten sein. Alle Aussagen der Bibel, auch die naturwissenschaftlichen, sind nach Ansicht der Zeugen Jehovas richtig.

Die Art, die Bibel wortwörtlich auszulegen, nennt man fundamentalistisch. Der Begriff „Fundamentalismus" leitet sich von einer Zeitschrift her, die Christen zu Beginn des vergangenen Jahrhunderts herausgegeben haben. Die Zeitschrift hieß „The Fundamentals" und wollte den Glauben gegen die moderne Welt, besonders gegen einige neue Erkenntnisse der Naturwissenschaft, z. B. die Evolutionslehre, verteidigen.

Peter, ein Angestellter in einem Chemieunternehmen, hat sich den Zeugen Jehovas angeschlossen. Er lebt allein und verbrachte in der Vergangenheit die Abende meist vor dem Fernseher. Bis eines Tages zwei Männer an der Tür klingelten und Peter zu einem Bibelstudium einluden. Peter war katholisch, ging aber nur sehr selten zur Kirche. Aber an Gott glaubte er und er hatte auch eine Bibel zu Hause. Die Ansichten und Fragen der Besucher waren interessant: „Ob er die Bibel kenne, ob er an ein Paradies glaube, ob er Angst vor der Zukunft habe", wollten die beiden Herren wissen. Und da sie höflich waren, korrekt gekleidet und keineswegs aufdringlich, verabredete sich Peter zu einem weiteren Treffen, um den gestellten Fragen nachgehen zu können. Die beiden Besucher sagten, sie kämen von den Zeugen Jehovas.

Heute besucht Peter regelmäßig den Königreichssaal, den Versammlungsraum der Vereinigung, und studiert eifrig die Wachtturmliteratur. „Der Wachtturm" ist der Titel einer Zeitschrift der Zeugen Jehovas. Das Leben hat für Peter einen neuen Sinn bekommen. Ohne lange nachdenken zu müssen, kann er jetzt erklären, warum er auf Erden ist und was nach dem Tode mit ihm geschieht. Er weiß, wie das Paradies geschaffen sein wird und wer hineinkommt. Auch sitzt Peter abends nicht mehr alleine vor dem Fernseher, da er sich an mehreren Abenden in der Woche mit den anderen Zeugen Jehovas im Versammlungsraum trifft.

Die Woche hat jetzt einen festen Ablauf, Peter weiß, wo er abends hingehen und worauf er sich verlassen kann.

Vergangene Woche hat Peter einen Brief von seinem Freund Marc bekommen, der ihn seitdem beschäftigt. Marc schreibt:

Lieber Peter,
leider sehen wir uns kaum noch. Früher haben wir uns wenigstens einmal im Monat beim Kegeln gesehen. Ich glaube, das hängt mit deiner Mitgliedschaft bei den Zeugen Jehovas zusammen. Kann das sein? Und wenn ich dich mal zufällig treffe, redest du immer nur von der Bibel. Ich bin auch gläubig, aber nicht so wie du. Ich lese hin und wieder sogar in der Bibel, meine aber nicht, dass die Bibel auf alle Lebensprobleme direkt eine Antwort gibt. Auch ich glaube, dass die Bibel Gottes Wort ist, bin aber der Überzeugung, dass die biblischen Schriftsteller in der Sprache und der Vorstellungswelt ihrer Zeit geschrieben haben. Deshalb kann nicht alles in der Bibel wortwörtlich genommen werden. Gott gibt uns sein Wort in der Heiligen Schrift, hat uns aber auch unseren Verstand gegeben, damit wir ihn gebrauchen und die Bibel auslegen. Ich habe den Eindruck, dass du alles auswendig lernen musst und möglichst wenig selber denken darfst. Ich will dich mit dieser Aussage nicht beleidigen, denn ich weiß, dass du denken kannst. Du hast mich im Schach meistens besiegt.
Warum bist du überhaupt zu den Zeugen Jehovas gegangen? Was hat sich in deinem Leben und Denken verändert?
Sollen wir uns nicht noch einmal treffen? Ich würde gerne mit dir reden – über Gott und die Welt.

Herzliche Grüße
Dein Marc

Peter überlegt, ob er die Einladung von Marc annehmen soll. Kritische Gespräche soll er meiden, ist ihm in den Versammlungen gesagt worden. Aber andererseits hat er sich mit Marc immer gut verstanden.

Es ist wichtig, dass jeder etwas – oder besser: jemanden hat, auf den er sich verlassen kann. Grundlagen und Fundamente im Leben zu haben, gibt Standfestigkeit – und die ist in heutiger Zeit mit ihren vielen Meinungen und Weltanschauungen notwendiger denn je. Aber Verlässlichkeit und Vertrauen dürfen nicht das eigene Denken ausschalten, denn ansonsten wird aus Vertrauen Abhängigkeit.

Infos: *Apokalypse, Endzeit, Fundamentalismus, Glaube, Offenbarung, Spiritualität, Theologie*

Apporte (franz. apporter: herbeibringen; lat. portare: bringen): Das Durch-Wände-Dringen von Gegenständen, womit sich unter anderem die wissenschaftliche ↗ *Parapsychologie* auseinander setzt. Grundsätzlich gilt: Nicht alles muss funktionieren, Skepsis ist angebracht. Auf der anderen Seite ist zu fragen: Können Naturgesetze aufgehoben werden? Beispiel: Es kommen Spukphänomene vor (↗ *Spuk*), bei denen es zu Apporten gekommen sein soll.

Aromatherapie: Mit Hilfe von bestimmten Aromen oder Düften, die aus Pflanzen gewonnen werden und denen jeweils eine bestimmte Wirkung zugeschrieben wird, soll der Mensch seine ↗ *Aura*, seine Chakren (↗ *Chakra*) etc. positiv beeinflussen. Die pflanzlichen Öle sollen die Psyche des Menschen umstimmen und das Gleichgewicht zwischen Körper und Seele herstellen. Die Selbstheilungskräfte, so wird angenommen, werden gefördert. Wenn etwas stinkt, dann ist das bestimmt abträglich und ärgert einen. Und wenn Düfte angenehm sind, dann erfreut das, tut gut und stimuliert. Aber ist das eine Therapie?

Astralkörper/Astralleib: Es wird behauptet, dass es neben unserem materiellen (↗ *grobstofflichen*) Körper noch einen zweiten ↗ *feinstofflichen* Körper gebe. Dieser sog. Astralkörper, der angeblich durch besonders begabte Medien gesehen wird oder durch die ↗ *Kirlianfotografie* sichtbar gemacht werden soll, hat den Charakter des Energiemantels. Er soll unsterblich sein und kann mit bestimmten Techniken zum Wohlbefinden des Menschen beeinflusst werden. (↗ *Aura*, ↗ *Chakra*). Hier wird auch von Astralreisen berichtet. Beispiel: In einem besonderen Schlafzustand oder der tiefen Versenkung eines Schamanen (↗ *Schamanismus*) soll der Körper von dem Astralleib getrennt werden und dieser wird auf die Reise in die Vergangenheit, die Zukunft und in das Jenseits geschickt. Im Trancezustand beschreibt der Reisende, was sein Astralleib während der Reise erlebt. Es gibt Menschen, die gehen fest davon aus, dass das funktioniert. Andere sind skeptisch bzw. glauben davon kein Wort.

Astrologie ist die Lehre, die einen Zusammenhang annimmt zwischen dem Stand der Sterne zum Zeitpunkt der Geburt und dem weiteren Lebensweg sowie dem Charakter eines Menschen. Angenommen wird der direkte Einfluss der Gestirne und ihrer Stellung auf das individuelle Schicksal. So werden Prognosen erstellt. Diesen Prognosen kann man nicht ausweichen. – Die Frage stellt sich: Gibt es hier eine Vorbestimmung oder kann das eher als Anstoß gelten, über sich nachzudenken?

ASW: Mit außersinnlicher Wahrnehmung (englisch: ESP/Extra Sensoric Perception) werden solche Wahrnehmungsleistungen zusammengefasst, die sich außerhalb der allgemein bekannten und anerkannten Mitteilungswege abspielen. (↗ *Telepathie*, ↗ *Hellsehen*, ↗ *Präkognition*, ↗ *Psychokinese*, ↗ *Psi*)

Aura meint in der Medizin die Vorzeichen von nur wenigen Sekunden Dauer beim Herannahen eines epileptischen Anfalls. Im ↗ *Okkultismus* wird die Ausstrahlung einer Person von psychisch empfindsamen Menschen angeblich als Farbspektrum, das den Körper wolken- oder lichtkranzartig umgibt, wahrgenommen. Bei Esoterikmessen wird oft die Aurafotografie angeboten (↗ *Kirlianfotografie*). ↗ *Theosophie* und ↗ *Anthroposophie* unterscheiden eine dreifache Aura entsprechend Leib, Seele und Geist (↗ *Astralkörper*, ↗ *Aromatherapie* und ↗ *Chakra*). – Übrigens: In der alten christlichen Kunst wurden Heilige, besondere Persönlichkeiten und Jesus mit einem Lichtkranz gemalt. Das soll deren Aura sein, wird interpretiert. Fest steht: Es gibt Personen mit Ausstrahlung. Es wird die Erfahrung gemacht: „Von dem geht was aus, der oder die hat was." Ist der Heiligenschein „nur" ein Symbol/Bild für diese Ausstrahlung oder gar die Aura?

Aura-Soma bezeichnet in Esoterikkreisen eine ganzheitliche „Seelentherapie". Hier geht man von heilenden Schwingungen bestimmter Farben, Kristalle und Düfte aus, die sich mit dem Licht verbinden, um so Körper, Geist und Seele des Menschen zu harmonisieren. Diese „Seelentherapie" soll also für die harmonische Verbindung von Körper, Geist und Seele einen Weg aufzeigen. Dazu wurden von der „Erfinderin" dieser esoterischen Therapie, VICKY WALL, durch angebliche Kommunikation mit der höheren Ebene (↗ *Spiritismus*) farbige Balance-Öle für den Körper, duftende Salben (sog. Pomander) zum Schutz der ↗ *Aura* und sog. Meister-Essenzen zur Unterstützung der seelischen Entwicklung hergestellt. Wichtig sind die sog. Balance-Fläschchen. Darin sind jeweils zwei unterschiedliche Farben enthalten. Es gibt 98 solcher verschiedenen Fläschchen. Der Klient muss sich vier Fläschchen aussuchen. Das ist die Basis der ↗ *Therapie*. Für die ausgewählten Fläschchen gibt es Deutungen. – Ziel von Aura-Soma ist die behutsame Hinführung zu mehr Selbsterkenntnis und geistigem Wachstum. Aura-Soma ist eine Vermischung von verschiedenen esoterischen Methoden und Therapien. (↗ *Farbtherapie*)

Automatisches Schreiben: Eine mediale Person (↗ *Medium*) schreibt

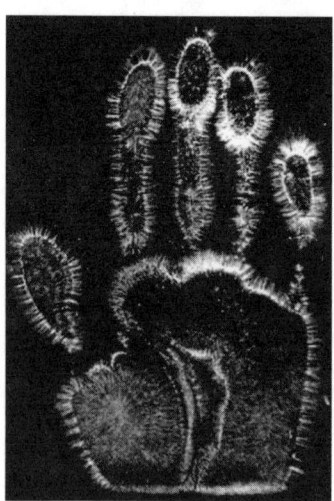

Kirlianfoto (s. S. 57) der Hand: Sieht so die Aura aus?

Ayurveda

Texte, unter Umständen mit beiden Händen gleichzeitig zwei verschiedene Texte, die sie selber nicht als Leistung der eigenen Psyche deutet, sondern entsprechend der spiritistischen Erklärungsansätze einer Geisterwelt zuordnet, aus der die Inhalte angeblich diktiert werden (*7 Spiritismus*). Auf diese Weise entstehen ganze Bücher „von drüben". Bekannt ist auch ein automatisches Reden, bei dem in einem tranceähnlichen Zustand ebenfalls angeblich Jenseitsbotschaften übermittelt werden, die nicht der irdischen Person zugeschrieben werden. Erklärt werden können diese Schreibproduktionen mit verschiedenen psychischen und physischen Vorgängen, z. B. mit den sog. Automatismen (*7 Automatismus*).

Automatismus: In der Psychologie: Vorgänge bzw. Tätigkeiten, die ohne Beteiligung des Willens und vom Bewusstsein unkontrolliert ablaufen. Im *7 Okkultismus* werden die Automatismen im animistischen Ansatz (*7 Animismus*) erklärt. Wir unterscheiden hier motorische und sensorische Automatismen. Automatismen setzen Gedanken und Unbewusstes frei. Die bekannten spiritistischen Praktiken (z. B. *7 Gläserrücken* und *7 Tischrücken*) sind als psycho-motorische Automatismen zu erklären. Also: Gedanken werden in Bewegungen umgesetzt. Im alltäglichen Leben gibt es viele Beispiele dafür. Da ist z. B. der sog. Carpenter-Effekt (bekannt nach dem Wissenschaftler W. B. CARPENTER, 1813–1885). – Test: Denkt einen Kreis und erklärt sein Aussehen. Welche Handbewegung würdet ihr dazu „automatisch" machen? Vermutlich eine Kreisbewegung und kein Quadrat. (*7 Automatisches Schreiben*, *7 Schreibendes Tischchen*, *7 Gläserrücken*)

Ayurveda ist eine alte indische Heilkunst, die bereits vor 3500 Jahren existiert haben soll. Ayurveda ist ein ganzheitliches, den Menschen in seinen verschiedenen Dimensionen ernst nehmendes Heilverfahren. Angesprochen werden Körper, Sinnesorgane, Geist und Seele des Menschen. Ayurveda kann als die Wissenschaft vom gesunden Leben bezeichnet werden. In Indien wird diese Heilkunst an verschiedenen Universitäten gelehrt. Viele indische Ärzte praktizieren nach den Erkenntnissen von Ayurveda. Auch in Deutschland gibt es Kliniken, Ärzte und Heilpraktiker, die Ayurveda anbieten und anwenden. Zur Behandlung gehört die Reinigung der „Doshas", das sind nach Ayurveda die Regulierungssysteme des Körpers (wir können auch sagen „Entschlackung" des Körpers u. a. durch Fasten). Zur Behandlung gehören weiter die richtige Ernährung und die Einnahme von bestimmten Heilpflanzen und Mineralien. Zum ganzheitlichen Ansatz gehört auch die *7 Meditation* (*7 Yoga*), häufig auch die *7 Farbtherapie*, *7 Aromatherapie* und auch die Musiktherapie. So sollen die Sinne des Menschen angesprochen werden. – Neben dem ursprünglichen Ayurveda ist der Ayurveda des Gurus MAHARISHI MAHESH YOGI zu unterscheiden. Er hat die westliche Weise des Ayurveda eingeführt. In den 70er Jahren gehörte er zu den Führern der konfliktträchtigen religiösen Organisationen (*7 Jugendsekte*). Er lehrte

"Hildegard von Bingen - und ihr Wissen über Edelsteine"

Natürliche Unterstützung von Körper, Seele und Geist

Freitag, 27. Mä...

„Feng Shui"
- Harmonie des Wohnens -
Mi., 24.03., 9.30 - 18.00 Uhr

„Selbsterkenntnis und Wandlung"
- Typenlehre nach Reich - Lowen -
Fr., 26.03., 9.00 Uhr - Sa., 27.03.

„Aura-Soma"
- Farbige Kostbarkeiten für die Seele -

Freitag, 27. November 1998, 16.30 Uhr
Sonntag, ...

„Urin – der goldene Heils...
So., 22.11., 10.00 - 17.00 Uhr

POSITIVES DENKEN
11.–17. 1. 1999

„Mein Körper meint es gut mit mir - Positives Denken zur Gesunderhaltu...

Orte der Stille
Wohltuende Orte für Leib, Seele und Geist

„Traditionelle Chinesische Medizin für Fortgeschrittene"
So., 26.09., 8.30 - 16.30 Uhr
428E74

„Traditionelle Chinesische Medizin für Anfänger"
20.08., 16.30 Uhr - Sa., 21.08., 17.00 Uhr

„Radiästhesie"
- Grundseminar -
Fr., 22.10., 16.30 Uhr - So., 24.10., 13.30

"Länger gesünder leben"

YOGA

MEDITATION

TAIJI

„Hildegard von Bingen" –
Die mystische Heilige des Mittelalters und ihr Wissen über Edelsteine
Fr., 27.03., 16.30 Uhr – So., 29.03., 13.30 Uhr

...izin -

„Aura-Soma"
- Farbige Öl-Kostbarkeiten für die Seele -
Fr., 27.11., 16.30 Uhr - So., 29.11., 13.30 Uhr

Im Zeichen des Regenbogens
- Ganzheitliche Ansätze zum Bewußtmachen, Ändern und Handeln -

...ntag, 22. März 1998

„Aroma-Therapie"
Streicheleinheiten für Körper, Geist und Seele
Fr., 20.11., 16.30 Uhr - So., 22.11., 13.30 Uhr

"HeilWeise"
Zur Auflösung von Problemen und Krankheitshintergründen

"VOM BLOCKIERTEN ZUM BEFREITEN ICH"
Rebirthing-Atem-Seminar zwischen den Feiertagen
...ber 1997,...

Ausbilder-Seminar:

"Bach-Blütentherapie und Bach-Blütentänze"

Fr., 16.01., ...

„Radiästhesie VI"
- Seminar für Fortgeschrittene -
Fr., 22.01., 16.30 Uhr - So., 24.01., 13.30 Uhr

die Transzendentale Meditation (TM). Wer sich einer Ayurveda-Behandlung unterziehen möchte, sollte sich nach den Ansätzen und Ursprüngen erkundigen. Es gibt Experten, die die Ansätze und Methoden von MAHARISHI MAHESH YOGI (also seine neuere westlich geprägte Heilweise inkl. der Transzendentalen Meditation) ablehnen. Sie sagen, dass besonders labile Menschen gefährdet seien, wenn sie sich auf TM einließen. Persönlichkeitszerstörungen seien vorgekommen.

Bach-Blütentherapie: Aus den Blüten von Pflanzen werden Extrakte gewonnen, denen therapeutische Funktionen zugeschrieben werden. Jede Pflanze habe eine bestimmte Chakraeigenschaft (↗ *Chakra*), die sich durch das Verdunsten der Öle oder durch tropfenweise Einnahme auf den Menschen überträgt. In dem Blütenmittel sollen geistige Kräfte der Pflanzen konzentriert vorkommen. Damit werden dann Blockaden im sog. „biogenetischen Feld" der Patienten beseitigt. Die Kanäle für die spirituelle Reinigung öffnen sich, d.h., die Chakren werden von Verstopfungen frei, positive Energie kann einströmen. Der Name Bach-Blüten kommt nicht vom Bach, in dem sich Wasserblumen befinden, sondern vom Arzt EDWARD BACH (1886–1936).

Bewusstseinserweiterung: Die Möglichkeiten des Menschen, Eindrücke aufzunehmen, zu verarbeiten und zu verstehen, die Möglichkeiten der Wahrnehmung, des Denkens und Fühlens, kurz: des Bewusstseins sind begrenzt. Unter „Bewusstseinserweiterung" versteht man die Versuche, diese Grenzen auszuweiten oder aufzuheben. ↗ *New Age* verspricht, durch ein neues Denken zu einem neuen Bewusstsein zu gelangen. In Teilen der ↗ *Esoterik* soll Bewusstseinserweiterung durch intensive ↗ *Meditation*, durch bestimmte Atemübungen oder Therapieformen (↗ *Therapie*) erreicht werden. – Gefährlich wird es, wenn diese angebliche Bewusstseinserweiterung durch Drogen erfolgen soll.

Brain-machine ist ein Gerät, das mit Hilfe von bestimmten Lichtimpulsen und Tönen eine Bewusstseinserweiterung bewirken soll. Die Maschinen können mit verschiedenen Kassetten bestückt werden. Sie versprechen Erfolge im medizinischen, psychologischen und sogar finanziellen Bereich. Wir haben es hier mit Formen der ↗ *Suggestion* zu tun.

Buddhismus: siehe S. 33.

Chakra: Der grobstoffliche Körper soll an sieben Punkten mit dem ↗ *Astralkörper* (*Astralleib*) verbunden sein. Diese Verbindungsstellen, die angeblich trichterförmig mehrere Zentimeter über den Körper hinausragen, denen alle unterschiedliche Eigenschaften zugeschrieben werden, sollen mit Hilfe von bestimmten „Techniken" (z.B. ↗ *Yoga*, ↗ *Farbtherapie*, ↗ *Aromatherapie*, ↗ *Reiki*) positiv beeinflusst werden, um eine Harmonie zwischen dem geistigen Leib und dem körperlichen Leib herzustellen. Vor allem im ↗ *Tantrismus* spielen Konzentrationsübungen auf die Chakren eine bedeutende Rolle.

Channeling

Die sieben Hauptchakras der Wirbelsäule

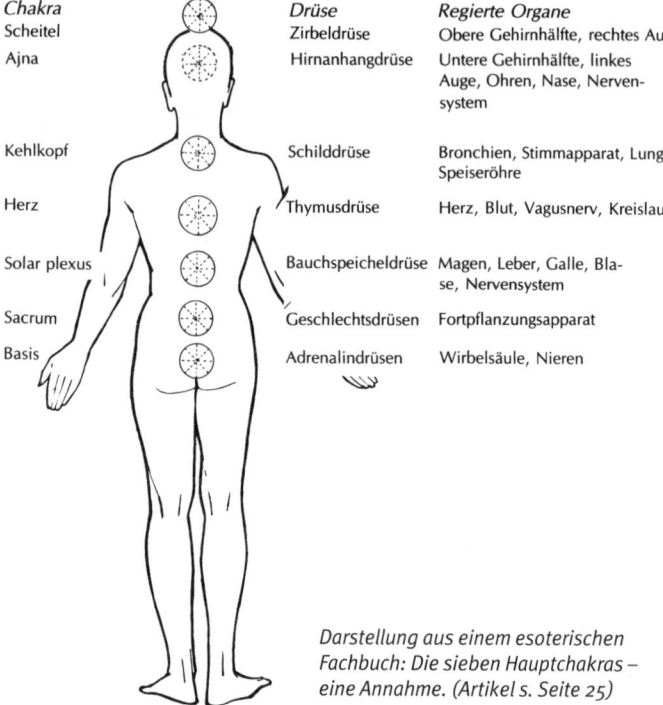

Chakra	Drüse	Regierte Organe
Scheitel	Zirbeldrüse	Obere Gehirnhälfte, rechtes Auge
Ajna	Hirnanhangdrüse	Untere Gehirnhälfte, linkes Auge, Ohren, Nase, Nervensystem
Kehlkopf	Schilddrüse	Bronchien, Stimmapparat, Lunge, Speiseröhre
Herz	Thymusdrüse	Herz, Blut, Vagusnerv, Kreislauf
Solar plexus	Bauchspeicheldrüse	Magen, Leber, Galle, Blase, Nervensystem
Sacrum	Geschlechtsdrüsen	Fortpflanzungsapparat
Basis	Adrenalindrüsen	Wirbelsäule, Nieren

Darstellung aus einem esoterischen Fachbuch: Die sieben Hauptchakras – eine Annahme. (Artikel s. Seite 25)

Channeling leitet sich von dem englischen Wort „channel", auf deutsch: „Kanal", ab und meint die Kontaktaufnahme zu höheren Wesenheiten. Im ↗ *Spiritismus* und im ↗ *New Age* wird unter „channeling" der Empfang von Botschaften oder Durchsagen aus einer jenseitigen Welt verstanden, die wie durch einen Kanal übermittelt werden. Ein ↗ *Medium* stellt als „Sprachrohr" den Kontakt zu einem sog. Geistwesen her, das Kenntnisse über das jetzige, aber auch über das frühere oder zukünftige Leben vermitteln soll. Ganze Bücher sollen auf einem solchen Weg „gechannelt" worden sein. Medien sagen aus, diese Botschaften oftmals in einem Trancezustand empfangen zu haben.

Christentum: siehe S. 75.

Déjà-vu-Erlebnisse: Damit werden Erlebnisse bezeichnet, die Menschen haben können: Plötzlich wird angenommen, das kennt man doch, hier sei man schon einmal gewesen oder eine Situation wäre schon einmal erlebt worden. Diese Wiedererkennungserlebnisse werden oft als Beweis dafür angenommen, dass es bereits ein früheres Leben gegeben haben muss (↗ *Reinkarnation*). Déjà-vu-Erlebnisse kommen häufig vor. – Als Erklärung dafür muss nicht unbedingt die Wiedergeburt inklusive eines oder mehrerer früherer Leben herangezogen werden. Da gibt es einfachere Erklärungsansätze, beispielsweise die Tatsache, dass jeder Mensch unbemerkt Eindrücke aufnimmt. Das unbemerkt Aufgenommene wird aber im Unterbewussten abgelegt (gespeichert, um die Computerterminologie zu verwenden). Irgendwann, wenn es einen passenden Anlass oder Anstoß/Impuls gibt, wird das unbemerkt Aufgenommene an die Bewusstseinsoberfläche „transportiert". Und dann entsteht so ein Aha-Erlebnis: „Hey, das kennst du doch ... Das hast du doch schon einmal gesehen, hier bist du schon einmal gewesen ..." Eine andere Erklärung sind so genannte außersinnliche Wahrnehmungen. (↗ *ASW*)

Dematerialisation meint Verschwinden (Erscheinen = ↗ *Materialisation*) von Materie (Gegenständen), ohne dass eine äußere Ursache erkennbar wäre. Da das vermutete Geschehen sich nicht physikalisch erklären lässt, werden paranormale (↗ *paranormal*) Fähigkeiten oder gar ↗ *Geister* als Erklärungsmöglichkeit angenommen. Was ist davon zu halten? Die Dematerialisation ist ein Untersuchungsgegenstand der ↗ *Parapsychologie*.

Dualismus: Zur dualistischen (dual = Zweiheit) Welterklärung gehört ein gutes und ein böses Weltprinzip, was häufig auch mit Gott und Gegengott erklärt wird. Dieses Denken stammt ursprünglich aus dem alten Persien und dem alten China (↗ *Yin und Yang*). Mit dem Dualismus wird das Problem des Leidens und des Bösen in der Welt erklärt. Die Allmacht Gottes und seine Allgüte passen nicht mit den Leiderfahrungen und der Erfahrung des Bösen zusammen. So entstand das Bild eines Gegenpoles und Widersachers (↗ *Teufel*), um Gott zu entlasten. – Im Dualismus geht es aber auch um andere Gegensätze, nämlich um weiblich und männlich, Leib und Geist, warm und kalt usw. Dem allen liegt ein inneres Gesetz zugrunde. Das Problem ist: Damit wird die Entscheidungsfreiheit des Menschen nur als eine eingeschränkte Entscheidungsfreiheit gesehen und häufig ganz ausgeschlossen, weil eben das innere Gesetz gilt, dass der Gegenpol/Gegensatz sich durchsetzen wird. – Auch die Unterscheidung von Esoterik und Exoterik (↗ *Esoterik*) stammt aus der dualistischen Denktradition. In vielen neuen religiösen Bewegungen spielt der Dualismus eine wichtige Rolle.

Fortsetzung auf Seite 30

Kommentar:

Wie viel Religion braucht der Mensch?

Braucht der Mensch überhaupt Religion? Es sieht so aus, als ob viele Menschen ohne Religion glücklich leben würden – auch viele Jugendliche scheinen ohne Religion gut auszukommen. Sie treffen sich mit ihren Freunden und Freundinnen, gehen Pizza essen, ins Kino oder in die Disko. Gott ist kein Thema. Brauchen diese Menschen Religion in ihrem Leben?

Manche antworten, Religion ist für die schwierigen Situationen im Leben, etwa bei Krankheiten oder Trauerfällen, nützlich. Da kann sie Trost spenden und Hilfe sein. Religion hat dann eine ähnliche Funktion wie der Zahnarzt. Es ist gut, dass es Zahnärzte gibt, aber man hofft, von einem Besuch bei ihnen verschont zu bleiben.

Andere meinen, Religion sei gut fürs Gemüt – etwa an Weihnachten, bei Hochzeiten und Taufen. Religion ist gut, wenn es feierlich sein soll – so ähnlich wie ein Streichquartett, das zu bestimmten festlichen Anlässen dazugehört oder zumindest geduldet wird.

„Religion bei Bedarf" – nach diesem Motto leben andere. Ich kann mir das, was ich an Religion brauche, holen. Religiöse Angebote gibt es inzwischen genügend, nicht nur von der Kirche. So wie ich mir hin und wieder eine Fußzonenreflexmassage gönne oder einen neuen Bildband kaufe, so kann ich auch, wenn ich will, mir eine Meditation oder ein spirituelles Gespräch kaufen.

Am Ende – wie öfters angekündigt – ist Religion jedenfalls nicht, auch wenn die Zahl der Kirchenmitglieder rückläufig ist. Religion ist auf dem Markt.

Allerdings: Wo Religion zur Ware wird, wo sie käuflich wird, ist sie keine Religion mehr. Sie wird dann zu einer Ware wie andere auch oder zu einer Dienstleistung neben anderen. Religion ist in meinen Augen ein Verhältnis oder eine Beziehung, die ich eingehe, nämlich eine Beziehung zu Gott. Dies setzt im Übrigen – ähnlich wie bei Freundschaft und Liebe – eine persönliche und freie Entscheidung voraus. So wenig wie Liebe Einengung und Gängelung verträgt, so wenig auch die Religion. Und so wenig Freundschaft auf dem Markt käuflich ist, so wenig ist auch Religion käuflich. Religion ist eine Beziehung zu Gott, eine frei gewählte Bindung oder Verankerung, aus der heraus ich Leben gestalten und das Leben betrachten kann.

Wie viel Religion braucht der Mensch? Diese Frage lässt sich – wenn man ehrlich ist – nicht beantworten, ebenso wenig wie die Frage: Wie viel Liebe braucht der Mensch? Wenn mit Religion das bezeichnet wird, woran ich mein Herz hänge, dann braucht jeder Mensch Religion – oder zumindest Ersatz-Religionen. Und da kommt dann schon mal das Auto, der Erfolg oder der Mammon in Frage. Mit dem Bedürfnis und der Sehnsucht nach Religion arbeiten viele Sinnanbieter, bieten aber oft nur Ersatzstoffe an. Da bleibt die Frage des alten Propheten Jesaja aktuell: „Warum wägt ihr Silber dar für das, was kein Brot ist, und euer mühsam Erworbenes für das, was nicht sättigt?" Und weiter dann die Einladung Gottes: „Neigt euer Ohr und kommt zu mir! Höret, und eure Seele wird leben!"

Auch heute brauchen wir das Brot, Brot für die Seele. Und in diesem Sinne braucht doch jeder Religion.

Werner Höbsch

Edelsteintherapie

Edelsteintherapie wird die Therapie mit Edelsteinen genannt, denen heilende Kräfte zugeschrieben werden. Vertreterinnen und Vertreter dieser Therapie gehen davon aus, dass Edelsteine Kräfte beherbergen, die sich in den vielen Jahren des Wachstums in der Erde angesammelt hätten. Diese Kräfte (↗ *Energien*) können Menschen nutzen, wenn bestimmte Steine auf den Körper gelegt werden. Die Vorstellung herrscht vor: Edelsteine öffnen die „verstopften Energiekanäle" (↗ *Chakra*). Der Körper erhält positive Impulse (u. a. spirituelle Informationen, ähnlich wie bei der ↗ *Bach-Blütentherapie*) – Zu diskutieren wäre hier: Gehen von bestimmten Steinen Strahlungen/Energien aus? Oder haben wir es hier eher mit einer magischen Vorstellung zu tun? – Viele Anhänger der Edelsteintherapie berufen sich auf die bekannte christliche Mystikerin HILDEGARD VON BINGEN (1098–1179), die heilende Steine kannte und einsetzte. Diese bedeutsame Persönlichkeit des Mittelalters wird in der katholischen Kirche als Heilige verehrt. In den letzten Jahren wurde ihr Leben, Denken und Schaffen wieder entdeckt. Damit nahm auch die Verbreitung der Edelsteintherapie kräftig zu. (↗ *Therapie*)

Elfe (↗ *Fee*)

Endzeit: Durch das Sprechen von der Endzeit soll Menschen verdeutlicht werden, dass es nicht alles so weitergehen kann und wird, wie konkret erfahren. Innerhalb der christlichen Geschichte gibt es immer wieder Zeiten, in denen verstärkt die Endzeit gepredigt wurde. Hier wurden Vorstellungen verkündet, die sich auf das Ende der Welt richteten. Oft war dies mit ganz konkreten Vorstellungen verbunden (Weltende, Gericht usw.). Auch heute sprechen gerade religiöse Bewegungen, Sekten (christlichen Ursprungs) und Kirchen von der Endzeit. In einigen christlichen Gemeinschaften und Kirchen ist die Endzeitpredigt stärker vertreten, als dies beispielsweise in der katholischen Kirche der Fall ist. – Endzeitlehren entstanden besonders in Zeiten des Umbruchs. Dies können wir heute ebenfalls beobachten. Für die einen bricht ein neues Zeitalter an (↗ *New Age*), für andere geht die Welt dem Ende zu (↗ *Apokalypse*). Beide Lehren sind kritisch zu bewerten. – Folgendes ist zu bedenken: Fortschrittsgläubigkeit kann das Ende herbeiführen. Das Ende der Menschheit wird real, wenn es nicht gelingt, den Rüstungswettlauf zu stoppen (hier gibt es allerdings einen positiven Trend). Die Umwelt ist zu schonen und mehr Gerechtigkeit und Frieden zwischen Völkern muss möglich werden.

Energien: Neben der Bedeutung im Alltagssprachlichen und vor allem innerhalb der Naturwissenschaften (Wärme und Bewegung, aus denen Kräfte hergeleitet werden) kommt der Begriff Energie verstärkt innerhalb neuerer, alternativer Therapien und der ↗ *Esoterik* vor. Hier geht es um das Fließen der Energien und um mögliche Blockaden (↗ *Chakra, Aura*). Angenommen wird der Energiefluss im feinstofflichen Körper (↗ *feinstofflich, Astralkörper*) und im grobstofflichen Körper. Diese Energien sind zum Teil spiritueller Natur. Und so geht es beispielsweise bei der Auraarbeit um das In-Fluss-Bringen von Energien. Gleiches gilt bei ↗ *Reiki*. Aber auch durch die ↗ *Edelsteintherapie* und durch viele andere esoterische Behandlungsweisen sollen Energien ins Fließen gebracht werden. – Es fällt auf: Der physikalische Energiebegriff wird mit okkulten Vorstellungen vermischt. So spielt u. a. eine esoterisch angenommene universelle Kraft eine wichtige Rolle, deren Existenz allerdings mit den Instrumenten und Messverfahren der Naturwissenschaften nicht nachzuweisen ist.

Engel (griech. angelos: Bote): In unterschiedlichen religiösen Traditionen werden Engel als Boten und Mittler zwischen Gott und den Menschen angesehen: Diese Diener Gottes sind der Gottheit untergeordnet, stellen aber die höchste Stufe der Schöpfung in personaler Gestalt dar. Einerseits gelten sie nicht als völlig körperlos, sondern sollen einen Leib aus Licht oder Äther (↗ *Astralkörper/Astralleib*) oder einen Feuerleib haben. Unter den Engeln wird eine hierarchische Ordnung angenommen, an deren Spitze Erzengel stehen. Als gefallene Engel gelten häufig die widergöttlichen Mächte der Dämonen. Andererseits können die Engel, von denen die Bibel berichtet, ganz normale Menschen gewesen sein, die allerdings als Boten Gottes erlebt wurden. Beispiel: Am offenen Grab finden die Frauen nicht den verstorbenen Jesus. Ein Engel (Bote) spricht die Frauen an. Dieser Engel muss kein Geistwesen gewesen sein. Der biblische Text sagt nichts von „Lichtgestalt und Flügeln". Im Markusevangelium ist von einem Jüngling zu lesen (Mk 16,5), andere Evangelien berichten von zwei Engeln in weißen Gewändern. – In der ↗ *Esoterik* allerdings werden Engel mit Schutzgeistern gleichgesetzt, zu denen es möglich ist, Kontakt aufzunehmen. Man spricht häufig auch von sog. Lichtwesen. Dieser Engelsglaube ist im esoterischen Denken sehr verbreitet. Engel, Lichtwesen (persönliche geistige Begleiter) haben Konjunktur. – Daneben benutzen wir das Wort Engel auch in einem sehr alltäglichen Sinn: „Du bist ein Engel!" bedeutet: „Du bist für einen Menschen wichtig und hilfreich." Reli-

Auch in der Werbung kommen verstärkt Engel vor.

Erdstrahlen

In der Kunst: Der Schutzengel an der Seite des Menschen.

giös gesprochen: Dieser gute und hilfreiche Mensch lässt etwas von der Liebe Gottes erahnen.

Erdstrahlen sind Strahlen, die aus dem Erdinneren kommen und einen Einfluss auf Lebewesen haben. „Negative Erdstrahlen" sollen für Krankheiten (z. B. Krebs) oder Unfälle verantwortlich sein. Mit einer ↗ *Rute* oder einem ↗ *Pendel* sollen Erdstrahlen aufgespürt werden können. Durch Veränderung der Lebensgewohnheiten (z. B. Umstellen des Bettes) oder mit technischen Hilfsmitteln (z. B. Minipyramiden oder Kupferdecken) soll den schädlichen Einflüssen aus dem Weg gegangen werden. In groß angelegten wissenschaftlichen Untersuchungen konnte die Existenz von Erdstrahlen nicht nachgewiesen werden.

Esoterik: Die ursprüngliche Wortbedeutung lautet „nach innen" (aus dem Griechischen), im Gegensatz zu Exoterik „nach außen". Nach esoterischer Auffassung ist die wahre Erkenntnis nur einem „Innenkreis" von Eingeweihten, Sensiblen und Erleuchteten zugänglich. Esoterik leitet zu einem Wissen an, das den Naturwissenschaften und den auf Glaubenssätzen (Dogmen) fußenden Religionen verborgen bleibt. So wie die Naturwissenschaften Gesetze und Erkenntnisse der „äußeren Welt" vermitteln, weist die Esoterik Wege zum „inneren", wesentlichen Verständnis von Welt und Geschichte. (↗ *Astrologie*, ↗ *Alchemie*, ↗ *Metaphysik*) Die Esoterik ist nicht einheitlich, es gibt unterschiedliche Richtungen und Schulen. Bei manchen steht der Kontakt mit übersinnlichen Mächten (↗ *Spiritismus*, ↗ *Okkultismus*, ↗ *UFO*, ↗ *Magie*) im Mittelpunkt oder es geht um die Spiritualisierung der Natur (↗ *New Age*, ↗ *Wendezeit*). Zu den esoterischen Strömungen im Westen zählen die ↗ *Rosenkreuzer*, die ↗ *Theosophie* und die ↗ *Anthroposophie*. – Seit den 60er Jahren hat sich in westlichen Ländern eine bunte esoterische Szene herausgebildet. Esoterische Bücher und Buchhandlungen, esoterische Zeitschriften und Seminare verbreiten die Ideen und Lehren. Heutige esoterische Praktiken (↗ *Orakelbefragung*, ↗ *Edelsteintherapie*, ↗ *Wünschelrutengehen*) werden auch als „Gebrauchsesoterik" bezeichnet. Besonders kritisch ist ein mit esoterischen Praktiken arbeitender Therapiemarkt zu sehen. (↗ *Therapie/Therapeut*)

Fortsetzung auf Seite 37

Buddhismus

Der Buddhismus hat in den vergangenen Jahrzehnten im Westen an Attraktion gewonnen; buddhistische Gruppierungen und Seminarhäuser wurden gegründet. Der Buddhismus wird heute zu den großen Weltreligionen gerechnet, er hat seinen Ausgangspunkt in Indien und geht auf die Lehre von Siddharta Gautama (etwa 560–480 v. Chr.) zurück, der als Buddha, der Erleuchtete, bekannt wurde.
Buddha lehrte die „vier edlen Wahrheiten", die auch heute noch für jeden Buddhisten maßgeblich sind. Er lehrte, dass alles Leben Leiden bedeutet, dass die Ursache dieses Leidens in Unwissenheit, Begierde und Neid liegt, dass das Leiden durch die Überwindung der Unkenntnis beendet werden kann und dass der Weg dorthin in der rechten Anschauung, im rechten Wollen, Reden, Leben, Streben, Denken und im rechten Sichversenken besteht. Erlösung erlangt der Mensch nach buddhistischer Lehre, wenn er sich auf diesem Weg von dem Kreislauf des Werdens und Vergehens und den damit verbundenen zahllosen Wiedergeburten befreien kann.
Der Buddhismus unterscheidet sich von den anderen großen Religionen dadurch, dass er keinen Gott verkündet und demnach auch keine geoffenbarten Wahrheiten kennt. Der Buddha wird nicht als Gott verehrt, er hat auch keine schriftlichen Zeugnisse hinterlassen. Seine Lehren wurden erst später von seinen Anhängern zusammengestellt. Buddhist wird man, indem man die Zuflucht nimmt, also sich zu Buddha, seiner Lehre und Gemeinschaft bekennt.
In der Geschichte haben sich unterschiedliche Schulen innerhalb des Buddhismus entwickelt. Im Westen sind besonders der Zen-Buddhismus aus Japan und der tibetische Buddhismus mit seinem Oberhaupt Dalai Lama bekannt geworden.
Infos: *Karma, Meditation, Reinkarnation*

Esoterik – das Tor zu einer anderen Welt?

Innerhalb nur weniger Jahre, so sagt man, verdoppele sich das Wissen der Menschheit. Neue wissenschaftliche Erkenntnisse im Großen und im Kleinen werden täglich gemacht. Das Weltall wird ebenso erforscht wie die elementaren Bauteilchen der Materie. Trotz der ständigen Erweiterung des Wissens bleiben jedoch Fragen offen, auf die Wissenschaft und Technik keine Antwort wissen: Wie sieht meine persönliche Zukunft aus? Wie gestaltet sich die Zukunft der Gesellschaft oder der Menschheit? Was geschieht nach dem Tod? Die Ahnung wächst, dass es noch eine andere Art des Wissens oder der Erkenntnis neben der Universitäts- und Schulweisheit gibt: ein „verborgenes" (lat. okkultes) Wissen, das nicht der naturwissenschaftlichen Erforschung zugänglich ist. Während die herkömmlichen Wissenschaften die „äußere Welt" erforschen, will die Esoterik Kenntnis der „inneren Welt" gewinnen. Esoterik stellt sich dar als das Tor zu einer anderen Welt, manchmal auch „Anderswelt" genannt. Die Weisen aller Zeiten und Kulturen, so sagt man, hätten darum gewusst. Im Westen sei diese Art des Wissens und der Erkenntnis durch einseitige Betonung des Verstandes, der Ratio, verdrängt worden. Im Fernen Osten und bei den Naturvölkern dagegen sei das alte Wissen noch präsent.

Esoterik ist keine Erfindung unserer Zeit. In der Geschichte sind die unterschiedlichsten esoterischen Systeme entwickelt worden, z. B. die Gnosis, die Theosophie oder die Lehre der Rosenkreuzer. Heute ist neben dieser, in Gruppen und Gemeinschaften organisierten Esoterik eine andere Form auf dem Markt: die „Gebrauchsesoterik". Wir leben in einer Zeit, in der fast alles schnell gehen soll, so auch in dieser Art der Esoterik: Erleuchtung in drei Wochen, ein neuer Mensch in drei Tagen. Die Bezeichnung „Gebrauchsesoterik" meint: Das „Tor zur jenseitigen Welt" soll möglichst mühelos geöffnet und die in Prospekten, Katalogen oder

Seminarwerbungen versprochene Weisheit und Erleuchtung in möglichst kurzer Zeit erlangt werden.

Um einen Zugang zum verborgenen Wissen der Esoterik zu erhalten, müssen andere Wege als die der Naturwissenschaft und der empirischen Forschung eingeschlagen werden. Durch bestimmte Methoden, die als esoterisch bezeichnet werden, könne ein Zugang zu dieser anderen Welt und zur wahren Erkenntnis erreicht werden. Und diese Wege und Praktiken sind bunt und vielfältig.

Wie bunt das Spektrum ist, zeigt ein Einladungsplakat zu Esoterik-Tagen mit Ausstellung, Information und Vorträgen. Auf dem Plakat werden folgende Themen benannt:

„♦ Mineralien und esoterische Steine ♦ Pendel ♦ Tarot ♦ Meditation ♦ Handlesen ♦ Kontakte zum Jenseits ♦ Ayurveda ♦ Yoga ♦ Reiki ♦ Astrologie ♦ Pyramiden ♦ Naturkosmetik ♦ Aromatherapie ♦ alternatives Heilen ♦ Reinkarnation ♦ Seele ♦ Aurafotografie ♦ Numerologie u.v.m."

Allen Religionen ist das Wissen um die „andere", die jenseitige Welt gemeinsam. Judentum, Christentum und Islam gründen auf der Überzeugung, dass Gott die Welt erschaffen hat, „die sichtbare und die unsichtbare Welt"; ebenso bezeugen sie, dass Gott sich den Menschen mitgeteilt hat, sich geoffenbart hat. So gehört auch ein innerer Weg der Meditation und des Gebetes zu jeder Religion. Jedoch verzichten die großen Religionen auf Spekulationen über das Jenseits. Es ist die Welt Gottes.

Die Esoterik hat teilweise sehr umfangreiche und verschachtelte Gedankensysteme über die jenseitige Welt, über die sog. „geistige Welt" oder „die Welt der Geister", entwickelt. Mitunter ist ein langes Studium vonnöten, die Theorien zu verstehen.

Der entscheidende Unterschied zwischen Esoterik und den Religionen: Esoterik verweist und lehrt einen Weg der (Selbst-)Erkenntnis, um zum Heil zu gelangen, die Religionen den Weg des Glaubens und der Gottverwurzelung.

Esoterik – das Tor zu einer anderen Welt?

Esoterik aus christlicher Sicht: Auch Christen glauben, dass es über die messbare, greifbare Welt hinaus noch eine andere Dimension der Wirklichkeit gibt. Die Bibel bezeugt aber, dass Gott sich in der Geschichte und in der Welt den Menschen mitgeteilt hat. Daher brauchen Menschen nicht aus dieser Welt und dieser Geschichte auszusteigen, um zu Erkenntnis und Heil zu gelangen, sondern sollen in ihrer Zeit, in ihrem Leben Gott suchen, ob sie ihn ertasten und finden können. Er ist den Menschen auf der Erde nahe.

Infos: *Esoterik, Gnosis, Okkultismus, Rosenkreuzer, Spiritismus, Theosophie*

Esoterik „christlich": Statt Kornkreise ein Christuszeichen?

Farbtherapie: Farben wird eine Heilkraft zugeschrieben. Man beruft sich dabei auf das Wissen alter Kulturen (beispielsweise der alten Ägypter oder Chinesen). Die heutige Farbtherapie geht von therapeutischen Eigenschaften der Farben aus. – Mittlerweile werden Geräte zur Farbstrahlen-Behandlung angeboten. Hinter der Farbtherapie steht die Idee, dass jede Farbe bzw. jede Farbwelle (Lichtwelle) ganz bestimmte Wirkungen auf den Menschen ausübt: Rot soll beispielsweise anregen und wärmen, Grün soll beruhigen, Orange aufheitern. Dazu wird ein entsprechender Farblichtstrahl auf den menschlichen Körper geleitet, um gezielt seine Krankheit zu behandeln. (↗ *Aura-Soma,* ↗ *Aromatherapie*)

Fee: In Märchen tauchen Feen und Elfen auf. Das Wort Fee kommt vom französischen fée, was übersetzt werden kann mit Zauberin. Das Wort Elfe stammt aus dem Englischen elf, womit unterirdische Wesen und Naturgeister (etwa wie in unseren Geschichten die Zwerge) gemeint waren. In okkulten (↗ *Okkultismus*) Vorstellungen sehen sich ↗ Hexen, Zauberer und Magier/innen (↗ *Magie*) oft in der Tradition dieser Feen und Naturgeister wirksam werden.

feinstofflich: Materie wird in feinstoffliche und grobstoffliche Materie unterschieden. Diese Unterscheidung erfolgt in esoterisch ausgerichteten Lehren. Der Mensch, alle Objekte, die Erde: also alles, was wir anfassen können, ist grobstofflich. Der Geist ist feinstofflich. Die ↗ *Aura* ist die Verbindung von Grobstofflichkeit zur Feinstofflichkeit. Es wird angenommen, dass Verstorbene als feinstoffliche Wesen existieren. Als Materialisierung (↗ *Materialisation*) wird die Umwandlung vom einen in den anderen stofflichen Zustand bezeichnet (↗ *Astralkörper*). Mit der Theorie der Fein- und Grobstofflichkeit werden u. a. Spukphänomene erklärt: Feinstoffliche Geister materialisieren sich zu erkennbaren grobstofflichen Wesen (↗ *Spukerscheinungen,* ↗ *Spiritismus,* ↗ *Geister*). Die Frage stellt sich: Was haben heutige Naturwissenschaften dazu zu sagen?

Feng Shui: In der alten chinesischen Philosophie (↗ *Yin und Yang*) geht es um Harmonie. Hier ist auch Feng Shui entstanden und stößt seit etwa 1995 auf großes öffentliches Interesse. Feng Shui versteht sich als Kunst des Lebens in Harmonie: So werden konkrete Hinweise für die richtige (störungsfreie) Wohnumgebung gegeben. Viele Architekten, Raumplaner und Innenarchitekten berücksichtigen mittlerweile diese Harmonielehre. Es geht immer darum, dass positive ↗ *Energien* ungehindert strömen können. So sind beispielsweise scharfe Ecken und Kanten im Raum harmoniestörend. Die Anordnung der Fenster und Türen ist besonders wichtig, Himmelsrichtungen sind zu berücksichtigen, Bauplätze sollen vorher nach störenden Energien überprüft werden. Einrichtungen, Farbgebung und Lichtwirkung usw. spielen ebenfalls eine wichtige Rolle. Feng-Shui-Berater haben großen Zulauf. – Nicht immer wird deutlich, dass es sich bei Feng Shui um die alte chinesische

Fernheilung

Geisterlehre handelt. Das sollte zumindest gewusst werden. Bestimmte Geister sind für bestimmte Störungen „zuständig". Feng Shui bietet hier konkrete Abwehrmittel an, beispielsweise traditionelle Masken. Die Wirksamkeit der Masken soll mit dem ↗ *Pendel* überprüft werden können. – Kritisch ist anzumerken: Mit dem Anstieg des Esoterikbooms ist auch das Interesse an alten chinesischen Lehren gestiegen. Feng Shui gibt viele interessante Hinweise für ein geschmackvolles Wohnen. Fraglich ist allerdings, ob damit auch die gesamte Geisterlehre (↗ *Geister*) geglaubt werden muss. Umgekehrt: Wenn die Geisterlehre in Frage gestellt wird, haben dann die Harmoniehinweise (außer einer ästhetischen Qualität) eine Wirkung?

Fernheilung: Mit Hilfe von Beschwörungen, Energieübertragungen und Ähnlichem versucht die medial begabte Person (↗ *Medium*) bei einem entfernt lebenden, Hilfe suchenden Menschen Heilung zu erzielen. Häufig steht hier die spiritistische Annahme dahinter (↗ *Spiritismus*), dass Verstorbene eingreifen und heilende Energien senden. Mit der Macht eines „heilkundigen Geistes" (↗ *Geister*) wird vom Fern- oder Geistheiler die Heilung medial vermittelt. Das hat nichts mit den Wunderberichten der Bibel zu tun, die als Zeichen der Größe Gottes verstanden wurden und immer den Glauben stärken sollten. (↗ *Geistheilung*)

Freikirchen: Damit werden unterschiedliche protestantische Kirchen und Gemeinschaften bezeichnet. Einige in Deutschland kleine Freikirchen sind beispielsweise in den USA große protestantische Kirchen, wie etwa die Evangelisch-methodistische Kirche oder die Baptisten. Freikirchen sind also keine Sekten (↗ *Sekte*). Wichtig ist den Mitgliedern von Freikirchen die eigene Entscheidung für den Glauben und das persönliche Zeugnis. Die einzelne Gemeinde vor Ort ist sehr selbstständig, sie ist die eigentliche Kirche, zwar gibt es auch Zusammenschlüsse, doch werden übergeordnete verbindliche Eingliederungen zumeist abgelehnt. Freikirchen wollen eine klare Trennung von Staat und Kirche, die meisten lehnen Kindertaufe ab, da sie die freie Entscheidung für den Glauben als Voraussetzung für die Taufe betrachten.

Missionar einer religiösen Bewegung im Gespräch mit Jugendlichen.

Fundamentalismus: Der Begriff leitet sich ab von einer Schriftenreihe mit Namen „The Fundamentals", die zu Beginn des vergangenen Jahrhunderts in Amerika erschien. Sie wurde von Christen herausgegeben, die den Glauben gegen die Übernahme moderner wissenschaftlicher Erkenntnisse verteidigen wollten. So wandten sie sich gegen die Evolutionslehre und die Bibelkritik. – Heute wird der Begriff vielfach für ein Denken verwandt, das die Bibel wortwörtlich versteht und die Erkenntnisse der modernen Bibelwissenschaft ablehnt. Bedenklich ist der Fundamentalismus, wenn er zur Aufgabe des Denkens führt und auf Lebensprobleme fromme, aber illusorische Antworten gibt. – Über den christlichen Bereich hinaus wird mit dem Begriff eine engstirnige Haltung bezeichnet, die ohne Dialogbereitschaft ihre Position, bisweilen mit Gewalt, gegen Andersdenkende verteidigt.

Gebet: Die gläubige Zuwendung zu ↗ Gott können wir Gebet nennen. Es ist die Ansprache eines persönlichen Gottes, von dem Heil erwartet wird und der als Ursprung des Lebens angenommen wird. Das Gebet ist also Ausdruck des Glaubens (↗ Glaube). Gebete können Dank, Bitte, Klage und Verehrung zum Inhalt haben. Die Bibel berichtet über die unterschiedlichen Gebetsweisen. In den Psalmen der Bibel, im Ersten Testament, finden wir Gebete des Dankes, der Bitte, der Klage und der Verehrung/des Lobes. Das Grundgebet der Christen ist das „Vaterunser", zu finden in der Bibel im Neuen Testament (LK 11,2 ff). Auf die Frage seiner Anhänger, wie sie beten können, gab Jesus ihnen „sein" Gebet mit auf den Weg. Dieses beten auch heute die Christen. – Gebet hat nichts mit Totenkontakt (↗ Spiritismus) und Zauber (↗ Magie) zu tun. Beten ist nur dann „sinnvoll", wenn es aus dem Glauben heraus geschieht (↗ Spiritualität). Ohne den Glauben an einen lebendigen Gott (das Vertrauen auf Gott) wird es nicht möglich sein, sich authentisch betend zu äußern.

Fortsetzung auf Seite 43

Für alle Religionen gilt: Beten geschieht auch mit dem Körper.

Kommentar:

Hochmut kommt vor dem Fall

Elitebewusstsein als Motiv für Menschenverachtung

Der Blick in die Geschichte macht deutlich: Es gibt immer Bewegungen und Organisationen, die als zentrale Botschaft ihren Anhängerinnen und Anhängern vermitteln, sie seien etwas ganz Besonderes – im Gegensatz zur „gemeinen Bevölkerung". Ganz schlimm war diese Ideologie im Nationalsozialismus verbreitet. Da gab es den „guten" Deutschen und die minderwertigen Rassen. Welche Rechte sich daraus ableiten ließen, wenn von Herrenmenschen und Untermenschen gesprochen wurde, ist hinlänglich bekannt.

Nun müssen wir aber nicht in die Zeit der dunklen Vergangenheit zurückschauen, um Belege für ein Elitebewusstsein zu finden, das nach meiner Auffassung Unmenschlichkeit produziert. Wenn ich mich bei manchen Organisationen, Lehren und Anbietern umschaue, finde ich Tendenzen, die in diese Menschenverachtung hineinführen können. Das gilt für politische Strömungen, genauso aber auch für Bewegungen und Inhalte, die wir eher dem religiösen Spektrum zuordnen würden. Die Grundfrage ist: Gibt es eine Mehrklassen-Menschheit? Also, gibt es eine Stufung des Wertes von menschlichem Leben? Oder gilt: Alle Menschen sind gleich wertvoll?

Vorsicht ist nach meiner Auffassung geboten, wenn sich der Verdacht erhärtet, dass die Menschheit aufgeteilt wird in wertvolle und minderwertige Menschen. *Wie praktisch: Weil es so ein Naturgesetz gibt, kann ich sowieso nichts daran ändern.* „Hauptsache, ich entwickle das rechte Bewusstsein und erklimme Stufe für Stufe die Vollkommenheit."

Wer diese Meinung vertritt – und sich selbst zur wertvollen Elite zählt –, ist auf dem besten Weg, über andere zu herrschen, Men-

schen zu instrumentalisieren, zumindest aber für sich eine Begründung zu konstruieren, wieso das persönliche Weiterkommen auf Kosten anderer erlaubt, ja notwendig sei. Also, aufgepasst! Allen, die so etwas (im Ansatz) verbreiten, muss die rote Karte gezeigt werden. Deutlicher Protest ist angesagt!
Wenn ich mich im religiösen Supermarkt umsehe, dann finde ich solche Ansätze. Wieso ist es Schicksal, wenn es anderen mies geht? Wieso sind Krankheit und Behinderung die Folgen eines früheren Lebens? Wieso ist Armut die Konsequenz aus einer früheren Lebensführung? *Wie praktisch: Da muss ich nichts tun, nichts verändern, denn ich darf das Schicksal des Schlechtergestellten nicht aufhalten.* „Was sein muss, muss eben sein: Sie brauchen nun mal die Zeit der negativen Erfahrung, um später – in einem neuen Leben – weiterzukommen."
Wer so in unserer westlich-aufgeklärten Welt argumentiert, benötigt eine deutliche Gegenrede. Das können wir uns nicht gefallen lassen!
Eine Lehre, die verbreitet, dass nur wenige zu den „Geretteten" gehören, viele aber verloren gehen, entsolidarisiert Menschen. Damit meine ich: Wenn ich mich in die Burg der Geretteten (von wem und warum auch immer gerettet) zurückziehe, „mein Schäfchen ins Trockene bringe", wie so schön gesagt wird, dann interessiert mich die übrige Menschheit nicht mehr. *Wie praktisch: Dann kann ich alles einfach laufen lassen; Hauptsache, mir geht es gut.*
„Jeder ist seines Glückes Schmied. Ist doch deren Problem, wenn sie nicht zu den Geretteten gehören". Achtung! Protest! Vielleicht bewahrheitet sich hier der Volksmund: Hochmut kommt vor dem Fall.

Kritische Fragen dazu:
- Wie gehe ich mit der Verheißung um, wenn ich bestärkt werden soll, dass ich zu den Auserwählten gehöre? Das bedeutet

ja auch, andere sind nicht auserwählt. Es wird von manchen Anbietern suggeriert, es gibt Auserwählte und Nicht-Auserwählte.

- Gehöre ich angeblich zur Elite der Menschheit? Was hat das Elitedenken für Konsequenzen? Und wieso soll gerade ich dazugehören? Wird mir gesagt, ich erreiche einen höheren Bewusstseinszustand, wenn ich dieses oder jenes befolge?
- Wird unterschieden in Starke und Schwache, Erfolgreiche und Versager, ja manchmal sogar in Herren und Sklaven? Wird das als notwendiges „Naturgesetz" ausgelegt? So entwickelt sich eine Ideologie, die das Recht des Stärkeren begründet.
- Kommt Solidarität vor? Wollen und stärken die Anbieter solidarisches Handeln oder geht es eher darum, seinen eigenen Erfolg auszubauen – oft auf Kosten von anderen? Vertreten die Anbieter die Lehre, die glauben lässt, dass jeder und jede für das persönliche Schicksal selbst verantwortlich sei, da es nur die Folge der Lebensführung in einem angeblich früheren Leben sei?

Georg Bienemann

Gedankenübertragung (↗ *Telepathie*)

Geister sind Wesen, die nach weltweit verbreitetem Volksglauben dem Menschen überlegen, aber nur mit begrenzter Machtfülle ausgestattet sind. Sie werden sich körperlos oder aus feinster Geistsubstanz (↗ *feinstofflich*, ↗ *Astralleib*) bestehend vorgestellt. In unterschiedlichen esoterischen Traditionen werden die Geister entweder als Verstorbene im ↗ *Jenseits* oder als eigenständige Wesen gedacht, die sich gelegentlich materialisieren müssen (also einen grobstofflichen Körper erhalten) und so auf die Erde kommen (↗ *Materialisation*). Im ↗ *Spiritismus* sind die Geister wichtigstes Element einer universellen Erklärung für alle außergewöhnlichen Ereignisse auf der Erde. – Der Geisterglaube bereitet vielen Menschen große Ängste. Vorsicht und Nüchternheit ist geboten. Es kommt immer wieder zu merkwürdigen Erzählungen, so beispielsweise im Volks- und Aberglauben zur Unheil verkündenden, Grauen erregenden Erscheinung in menschlicher Gestalt. Schlimm wird es, wenn sich ein Mensch von Geistern umgeben oder gar von (bösen) Geistern innerlich oder äußerlich bedroht fühlt. Im Volksmund wird von „Besessenheit" gesprochen. Hier ist Hilfe dringend geboten, denn es ist zu vermuten, dass sich dahinter eine schwere psychische Krankheit/Psychose verbirgt. (↗ *Mediumistische Psychose*)

Geistheilung: Heilung von Krankheiten auf Wegen, die nicht zur herkömmlichen Medizin gehören. In allen Kulturen treten Geistheiler auf, die auch immer wieder Erfolge vermelden. Wichtig für eine Heilung ist der Glaube daran sowohl auf Seiten des Heilers als auch des Kranken. Unbestritten ist, dass Glaube, Geist und Seele (Psyche) einen direkten Einfluss auf körperliches Befinden, auch auf Krankheiten und Gesundheit haben. Die Forschung hat bisher wissenschaftlich nicht erklärbare Einflüsse auf biochemische und lebendige Systeme nachgewiesen. – Geistheiler gehen häufig von einem „Wissen" anderer Kulturen aus. So spielt beispielsweise die Chakrenlehre (Lehre von den menschlichen Energiezentren, ↗ *Chakra*) eine wichtige Rolle. Auch sind religiöse Rituale häufig von Bedeutung (Gesundbeten, Segen). – Vorsicht ist dann geboten, wenn Geistheiler abraten, ärztlichem Rat zu folgen, wenn sie einen großen Werbeaufwand betreiben und Erfolge garantieren. Hinzu kommt häufig ein spiritistisches Denken (↗ *Spiritismus*). Mit Hilfe von Geistern wird geheilt. (↗ *Geister*, ↗ *Fernheilung*)

Gläserrücken heißt der Versuch, mit Hilfe eines umgedrehten Glases und eines Buchstabenkreises mit den Geistern Kontakt aufzunehmen. Jeder Teilnehmer und jede Teilnehmerin der Sitzung legt einen Finger auf das Glas und nach einer „Einschwingungsphase" beginnt das Glas sich zu bewegen. Die „Jenseitsbotschaften" werden Buchstabe für Buchstabe diktiert (↗ *Automatisches Schreiben*). Die Vorgänge bei den sog. spiritistischen Sitzungen (↗ *Spiritismus*) lassen sich erklären (↗ *Schreibendes Tischchen*).

Glaube

Bekannte spiritistische Praktik: Gläserrücken.

Glaube: Bekannt ist sicher der Satz: „Glauben ist Nicht-Wissen." Aber was ist der Glaube dann? Der Glaube kann als Vertrauen beschrieben werden, glauben als vertrauen. „Ich glaube dir" heißt: „Ich vertraue dir". Oder: „Ich glaube an Gott" meint: Ich vertraue ihm. Glaube ist also Vertrauenssache. Das hat etwas mit dem Kopf zu tun, mit denken und nachdenken, genauso aber auch mit fühlen und hoffen. – Glaube gehört wesentlich zu jeder Religion. Für Christen gilt: Glaube ist das Vertrauen, dass Gott mir in jeder Lebenslage die Treue hält und mir Halt gibt, auch dann, wenn ich falle. Alle christlichen Kirchen vereint der Glaube, dass Gott in Jesus Christus Mensch wurde, dass er für die Menschen gelebt hat und gekreuzigt wurde, am dritten Tage aber auferweckt wurde von den Toten. Darauf gründet sich für Christen der Glaube an die Auferstehung aller Menschen.

Gnosis: Die Wortbedeutung kommt aus dem Griechischen und wird im allgemeinen Sinn als „Erkenntnis" übersetzt. Des Weiteren meint Gnosis eine philosophisch-weltanschauliche Bewegung, die im 2.–4. Jahrhundert n. Chr. verbreitet war. Sie geht von einer dualistischen (↗ *Dualismus*) Sichtweise aus, welche die Welt als schlecht und von einem bösen Gott (Demiurg) erschaffen sieht. Ziel des Menschen muss es demnach sein, sich von der Erde loszusagen und zur geistigen Heimat zurückzukehren. Dies geschieht auf dem Weg der Erkenntnis, den wenige Eingeweihte kennen und vermitteln können. – Die christliche Kirche hat sich in den ersten Jahrhunderten mit der Gnosis auseinandergesetzt und diese besonders wegen der dualistischen Weltsicht abgelehnt. – In neuerer Zeit ist die Gnosis wiederentdeckt worden, esoterische Richtungen wie die ↗ *Theosophie* oder die ↗ *Rosenkreuzer* knüpfen am Denken der alten Gnosis an.

Gott: Im Ersten Testament der Bibel als „Jahwe" bezeichnet, im Lateinischen „Deus", im Griechischen „Theos" und im Deutschen „Gott" genannt – viele Namen für die höchste „Person" oder das höchste „Prinzip". Christen sprechen und denken über Gott personal: Er ist der Schöpfer und Vater allen Lebens, auf ihn geht alles zurück, ohne ihn gäbe es keine Existenz. Dieser Gottesglaube ist auch im Judentum und Islam so anzutreffen (↗ *Offenbarung*). Demgegenüber gibt es andere religiöse Auffassungen, die Gott als Prinzip und kosmische Macht ansehen. Diese „unpersönliche Gottesvorstellung" ist in vielen neueren religiösen Bewegungen zu finden (↗ *Religion,* ↗ *Religiosität*). Mehr über Gott zu erfahren, seine Offenbarung zu verstehen, das war und ist zu allen Zeiten das Bestreben der Menschen (↗ *Theologie*). Die Hinwendung zu Gott als den Unfassbaren (↗ *Transzendenz*) nennen wir ↗ *Glaube*. Ausdruck des Glaubens an Gott ist das ↗ *Gebet* und das Bemühen um ein gutes (gottgewolltes) Leben in der Achtung zu allen Mitgeschöpfen und dem Respekt vor dem Leben schlechthin (↗ *Spiritualität*).

Fortsetzung auf Seite 48

Gott hat viele Namen

„Eigentlich ist es doch egal, wie Menschen Gott anreden, ob als Vater, Allah, Jahwe, Jehova, Krishna oder einfach als Gott. Letztlich ist doch damit immer das gleiche Wesen gemeint, das Menschen in unterschiedlichen Religionen und Kulturen verehren. Vielleicht hat sich der gleiche Gott ja den Juden im brennenden Dornbusch als Jahwe, den Christen in Christus, den Muslimen im Koran als Allah, den Hindus als Krishna, Vishnu oder Shiva gezeigt. Und die Buddhisten streben das Nirvana an, die Erleuchtung; vielleicht ist das deren Name für Gott."
Solche Meinungen sind heute verbreitet und vielleicht auch euch vertraut. In einer Zeit, in der Informationen in jedem Augenblick abrufbar sind und verbreitet werden, ist auch das Wissen um andere Religionen und Kulturen jederzeit leicht zugänglich. Ob Jude, Muslim, Hindu oder Christ, es sieht so aus, als ob alle Religionen mit unterschiedlichen Worten und Namen das Gleiche meinen. Alle beziehen sich auf Gott und von außen kann die Frage nach richtigem oder falschem Glauben nicht beantwortet werden. Es gibt keinen Standort außerhalb der Religionen, der dies beurteilen könnte. Alle Religionen, die Gott verkünden, sagen übereinstimmend, dass dieser Gott sich dem menschlichen Zugriff entzieht, dass er nicht ver- oder berechenbar ist, nicht in eine Formel gepresst werden kann. Gott ist größer als das menschliche Denken. Aus dieser allen Religionen gemeinsamen Überzeugung folgt, dass keine Gottesverehrung einer anderen Religion gering geachtet oder negativ bewertet werden darf. Keine Religion darf ausgeschlossen, die Anhänger keiner Religion missachtet oder verfolgt werden. Jeder Religion und jedem Menschen, egal welchen Glauben er hat, ist mit Respekt zu begegnen. Weil dies in der Geschichte und auch heute an vielen Orten der Welt nicht beachtet wurde und wird, gab und gibt es Gewaltanwendung und sogar Krieg im „Namen Gottes".

„Aber warum sagen denn alle Religionen, dass sie wahr sind? Mit welchem Recht? Denn es kann ja keiner Gott und den Glauben beweisen."
Auch wenn Gott nach objektiven Maßstäben nicht beweisbar ist, sagen doch alle Religionen mit Recht, dass ihr Wissen um Gott wahr und richtig ist. Sie berufen sich dabei auf die Selbstmitteilung Gottes, auf die Offenbarung, die in den heiligen Schriften der jeweiligen Religion bezeugt ist und in schriftlichen und mündlichen Überlieferungen weitergegeben wird. Auf dieser von Gott übermittelten Offenbarung gründet sich der Anspruch der Offenbarungsreligionen, z. B. Judentum, Christentum und Islam, wahr zu sein. Auch dieser Anspruch der unterschiedlichen Religionen muss respektiert werden. Als Beweis für die Wahrheit der Religion können keine wissenschaftlichen Beweise (obwohl auch das versucht wurde) vorgelegt werden, sondern nur Lebenszeugnisse von Menschen. Die Treue zur eigenen Glaubensüberlieferung ist allen großen Religionen wichtig. Alle Formen des Vermischens unterschiedlicher Glaubensinhalte und Glaubensweisen, Synkretismus genannt, werden verworfen. Jedoch bleiben die Religionen nicht nur nebeneinander stehen, sondern begegnen sich in vielfacher Weise. Christliche und muslimische Kinder kommen bereits in Kindergärten und Schulen zusammen und haben schon dort die Möglichkeit, die Glaubenswelt des anderen etwas kennen zu lernen. Hier können Gemeinsamkeiten und Unterschiede entdeckt werden. In unserer Zeit ist die Begegnung, die ehrliche Auseinandersetzung und der aufrichtige Dialog zwischen den Religionen, der sog. Interreligiöse Dialog, geboten und wird auch praktiziert. Aber dieser Dialog verlangt von allen Beteiligten Ehrlichkeit und einen eigenen Standpunkt.

Infos: *Glaube, Gott, Offenbarung, Religion, Spiritualität, Synkretismus, Transzendenz*

grobstofflich (↗ *feinstofflich*)

Guru: Guru ist ein religiöser Lehrer im Hinduismus. Er ist für die rituelle Ein-

*Genannt wurde er „Bhagwan"
(s. S. 125).*

führung, die religiöse Bildung und die spirituelle Entwicklung seiner Schüler zuständig. Gurus fühlen sich der hinduistischen Tradition verpflichtet. Die Bezeichnung Guru hat also im Hinduismus einen positiven Klang. – Seit etwa 1970 ist zu beobachten, dass sich im Westen vermehrt Menschen indischen Gurus anschließen. Indische Gurus wie z. B. MAHARISHI MAHESH YOGI, der Gründer der Transzendentalen Meditation (TM), oder RAJNEESH CHANDRA MOHAN, bekannt geworden als Gründer der Bhagwan/Osho-Bewegung, oder der Bengale PRAPHUPADA, Gründer der Hare-Krishna-Bewegung, haben sich im Westen niedergelassen und missioniert. Solche Gurus haben eigene religiöse Ideen entwickelt und führten nicht mehr nur wenige Schüler in den Glauben ein, sondern gründeten neue religiöse Bewegungen. Von ihren Anhängern werden sie oftmals gottgleich verehrt. In einigen Gurubewegungen nimmt die Verehrung solche Züge an, dass man meinen kann, der Guru sei ein (halber) Gott. Hier besteht die Gefahr der kritiklosen Abhängigkeit vom Guru.

Handlesen: Aus dem Verlauf der Handlinien kann man das ganze Leben eines Menschen erkennen. Dies wird in esoterischen Kreisen fest angenommen. Nach einer entsprechenden Schulung soll es möglich sein, aus der Hand etwas über die Vergangenheit eines Menschen und etwas über die Zukunft zu sagen. Inzwischen gibt es Handlesen auch per Computerauswertung.

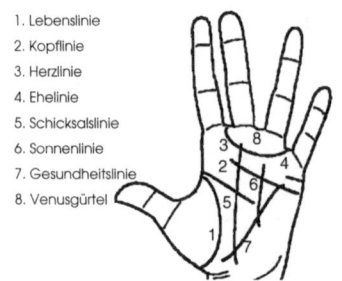

1. Lebenslinie
2. Kopflinie
3. Herzlinie
4. Ehelinie
5. Schicksalslinie
6. Sonnenlinie
7. Gesundheitslinie
8. Venusgürtel

Problem: Es gibt unterschiedliche Deutungsanweisungen.

Hellhören: Ähnlich dem ↗ *Hellsehen* werden räumliche Grenzen überwunden. Begabte Personen hören Ereignisse, die an einem anderen Ort stattfinden. Manche wollen auch Stimmen

Handlesen bei einer Esoterikmesse.

aus dem Jenseits wahrnehmen. (↗ *Medium*, ↗ *ASW*)

Hellsehen ist der Sammelbegriff für verschiedene paranormale Praktiken: Gemeinsam ist diesen Praktiken, dass ein ↗ *Hellseher* in der Lage ist, räumliche Grenzen aufzuheben und mitzuteilen, was sich an einem anderen Ort ereignet. Beispiel: Der als Hellseher Begabte sieht einen Verkehrsunfall an einem bestimmten Ort. Der Unfall hat sich dort tatsächlich zu der Zeit ereignet, in der der Hellseher dies wahrgenommen hat. – Von den hellseherisch begabten Personen wird berichtet, dass sie in einem tranceähnlichen Zustand in ihrem Inneren einen Film sehen, auf dem die Ereignisse dargestellt sind. Als Hilfsmittel zum Hellsehen wird u. a. eine ↗ *Kristallkugel* verwendet. (↗ *ASW*)

Hexen sind Menschen, die dem Volksglauben nach magische Kräfte besitzen. Das Wort Hexe kommt vom Germanischen „hagzissa" (Übersetzung etwa: Zaunreiterin/wilde Frau auf der Hecke sitzend). Hexen sind auch in vor- und nichtchristlichen Religionen bekannt. Der Hexenbegriff des Mittelalters rührt aus der Verbindung von ursprünglich nicht zusammengehörenden Elementen des Zauber- und Aberglaubens mit Lehren des Dämonenglaubens und Strafverfolgung durch die Ketzerinquisition. Mit dem Wiederaufkommen von esoterik-okkulten Vorstellungen finden sich Frauen in Anlehnung an die historischen Hexen zu Hexenzirkeln zusammen (↗ *Wiccakult*). In der Frauenbewegung um 1970/80 wurde die Hexe (als starke Frau) zum Vorbild für die Überwindung von männlicher Vorherrschaft. In dieser

Hinduismus

Geheimnisvolle Wesen und Symbole kommen oft im esoterischen Denken vor.

Hexenvorstellung kommen magische Aspekte (↗ *Magie*) und emanzipatorische/freiheitsstrebende und materialverhaftete Aspekte zusammen. Die Hexe ist also nicht die böse Frau im Märchen, sondern die kraftvolle, freiheitsliebende Frau, die Macht hat und – so wird das auch angenommen – gewinnen wird.

Hinduismus: siehe S. 14.

Horoskop: Mit Hilfe der Berechnung von Sternbildern erstellt die ↗ *Astrologie* ein Horoskop, aus dem sie Aussagen über das Leben des jeweiligen Menschen machen will. Wichtig ist bei der Erstellung eines persönlichen Horoskops die genaue Geburtsstunde und der Stand der Sterne. Daraus entwickelt die Astrologie Gesetzmäßigkeiten und überträgt diese auf einzelne Personen. Hiervon zu unterscheiden sind die allgemeinen Horoskope. – Dass die wöchentlich erscheinenden Horoskope in Zeitschriften und Illustrierten großer Unsinn sind, sei nur am Rande festgestellt. Sie dienen zur Unterhaltung der Leserschaft.

Hypnose (griech. hypnos: Schlaf): Es handelt sich um eine durch Außenreizverminderung und ↗ *Suggestion* herbeigeführte, konzentrierte Bewusstseinsveränderung. Die Vorgänge sind weitgehend ungeklärt. Man vermutet Blockierungen der Großhirnrinde, die eine motorische und sensorische Umsteuerung möglich machen. Die körperlichen Auswirkungen der Hypnose gleichen eher einem partiellen Wachsein als einem Schlafzustand. Hypnose wird von einigen Ärzten zur Unterstützung ihres therapeutischen Angebotes eingesetzt. Gewarnt werden muss beim Einsatz von Hypnose vor Anwendern mit fehlenden Qualifikationen, vor selbst ernannten (Hypnose-)Therapeuten und vor Demonstrationen mit Show-Elementen.

I Ging ist eine Orakelpraktik (↗ *Orakel*); kleine Stäbchen o. Ä. werden geworfen. Anhand ihrer Lage kann dann in einem Orakelbuch die Bedeutung nachgelesen werden. Je nach Fragestellung sollen sich auf diese Weise Geschehnisse aus der Vergangenheit und der Zukunft erfahren lassen. Das I Ging stammt aus der alten chinesischen Philosophie. Inzwischen gibt es viele moderne Übersetzungen und Arbeitsbücher zum I Ging. – Kritisch ist hier anzumerken, dass die Übertra-

Widder 21.–31.3.:

Sie müssen sich von etwas trennen, was Ihnen viel bedeutet. Das sollte Sie nicht zu traurig machen. **1.–10.4.:** Hüten Sie sich vor unbeherrschtem Vorgehen oder anderen unkontrollierten Aktionen. Unfallgefahr. **11.–20.4.:** Mit neuen Partnern kann es Schwierigkeiten geben. Das ist aber nur in den ersten Tagen etwas problematisch.

Widder

21.–31. März Eine dringende Warnung, die Sie erhalten, ist offensichtlich an die falsche Adresse geraten. Dennoch kann sie Ihnen von Nutzen sein.
1.–10. April Die Zahl Ihrer Anhänger wächst ständig. Damit erhalten Ihre Argumente auch immer größere Bedeutung.
11.–20. April Ihnen kommt in letzter Zeit viel dazwischen. Bis sich der Erfolg zeigt, wird es auch noch etwas dauern. Machen Sie das Beste daraus.

Zwillinge 21.–31.5.:

Neues Glück in der Liebe und viele andere Freuden geben Ihnen starken Auftrieb. Sie entwickeln großartige Ideen. **1.–11.6.:** Nach einem handfesten Krach ist die Versöhnung umso schöner. Ein Treffen stimmt Sie optimistisch. **12.–21.6:** Sie sind auf dem richtigen Weg und arbeiten sich Schritt für Schritt Ihrem Ziel entgegen.

Zwillinge

21.–31. Mai Mit dem Zeugnis, das man Ihnen ausstellt, können Sie sich überall sehen lassen. Treten Sie selbstbewusst, aber nicht überheblich auf.
1.–11. Juni Auch liebe Gewohnheiten können lästig werden. Am besten machen Sie eine Pause. Dann finden Sie schnell wieder zu sich zurück.
12.–21. Juni Ordentlich, wie Sie sind, haben Sie Maßnahmen getroffen, um zeitig aufbrechen zu können. Wer zu spät kommt, hat selber Schuld.

Wochenhoroskop: Gute Unterhaltung?

gung in unser westliches Denken der Eigentümlichkeit des chinesischen Denkens nicht oder nur schwer gerecht wird. Der Reichtum des Weisheitsbuches verkommt so zu einem neuzeitlich-westlich geprägten Handbuch der Zukunftsdeutung. Die alten weisen Chinesen (etwa des 12. Jh.) würden nur noch mit dem Kopf schütteln können, wenn sie so manchen heutigen I-Ging-Anwender beobachten würden, denn ihre Philosophie spielt hier keine Rolle mehr. (↗ *Runen*, ↗ *Tarot*)

Fortsetzung auf Seite 56

Judentum

Das Judentum ist die Religion des Volkes Israel. Zentral für den jüdischen Glauben ist das Bekenntnis zur Einzigartigkeit Gottes, der Himmel und Erde erschaffen hat, der sein Volk Israel aus dem Sklavenhaus Ägypten befreit und einen ewigen Bund mit ihm geschlossen hat. Seinen Ursprung sieht Israel im Patriarchen Abraham, der dem Ruf Gottes folgt. Mit Moses, stellvertretend für das Volk Israel, hat Gott nach biblischer Überlieferung am Sinai den Bund geschlossen und ihm die Zehn Gebote übergeben. In der Geschichte hat Gott durch die Propheten zu seinem Volk gesprochen und es durch eine wechselvolle Geschichte geleitet. Im Jahr 70 wurde der Jerusalemer Tempel von den Römern zerstört und das jüdische Volk in alle Welt zerstreut.

Durch die Jahrhunderte hindurch sind die Juden an vielen Orten der Welt immer wieder ausgegrenzt, verfolgt und getötet worden. In Deutschland sind in der Zeit der Nazidiktatur 6 Millionen Juden ermordet worden. Trotz des unermesslichen Leidens, das den Juden von Deutschen zugefügt wurde, sind nach dem Krieg Synagogengemeinden in Deutschland wieder neu entstanden.

Die Heilige Schrift der Juden ist die Hebräische Bibel, die aus der Thora (den fünf Büchern Mose), aus den Prophetenbüchern und den Schriften besteht. Die jüdischen Gelehrten der Schrift, die Rabbiner, eröffnen durch ihren Unterricht und durch ihre Bibelkommentare bis auf den heutigen Tag Menschen einen Zugang zur Heiligen Schrift. Der Sabbat ist für die gläubigen Juden der Tag des Herrn, der wöchentliche Feiertag. Zum Hören des Wortes Gottes und zum Gebet kommen die Juden in Synagogen zusammen. Zum Judentum gehören diejenigen, die eine jüdische Mutter haben oder die zum Judentum übergetreten sind.

Heute gibt es unterschiedliche Strömungen im Judentum: von den orthodoxen bis zu reformierten und liberalen Juden.

Infos: *Bibel, Gebet, Gott, Offenbarung*

Kommt das Heil aus dem Osten?

„Kirche und Gottesdienst sind langweilig, eigentlich immer dasselbe: Bibelsprüche, Predigt und der gleiche Ablauf im Gottesdienst" – so hört man öfters nicht nur junge Menschen reden. Für manche wird da schon eine Meditation, zumal eine fernöstliche, interessanter. Die ist ungewohnt, teilweise exotisch und somit eine Alternative – so wird wenigstens geworben – zu der verkopften Religiosität im Westen. Allerdings redet keiner davon, dass auch eine Mantra-Meditation nach dem 10. Mal genauso „langweilig" wird wie ein christlicher Rosenkranz. Auch und gerade die fernöstlichen Meditationen leben – wie z. B. das katholische Rosenkranzgebet – von der regelmäßigen Übung und Wiederholung. Und hier ist schnell Schluss mit Abwechslung.
1998 wurde Jörg, damals 17-jährig und Auszubildender, auf der Straße von einem jungen Mann mit kurzen Haaren und einem Stapel Bücher unter dem Arm angesprochen. Jörg interessierte sich für Meditation und kaufte ein Buch mit dem Titel „Bhagavadgita", einer der meist gelesenen Texte des Hinduismus. Jörg nahm auch die Einladung zum Sonntagsfest im Tempel an und fand besonders die meditativen Gesänge sehr eingängig. „Da könntest du öfter hingehen", sagte er sich.
Nicht erst in heutiger Zeit ist der Osten für Menschen aus dem Westen anziehend, interessant und geheimnisvoll. Seit etwa 100 Jahren, und in den vergangenen Jahrzehnten verstärkt, erleben wir eine hinduistische Missionsbewegung in Europa und Amerika. Heute werden in der Öffentlichkeit besonders Gruppen wie die „Internationale Gesellschaft für Krishna-Bewusstsein" (ISKCON), besser bekannt unter der Bezeichnung „Hare Krishna", oder die Transzendentale Meditation (TM) wahrgenommen, die ihre Herkunft aus dem Hinduismus betonen und sich in der indischen Gedankenwelt verankert sehen.
Die Hare-Krishna-Bewegung wurde 1966 von dem Bengalen

Prabhupada in New York gegründet. Die ersten Anhänger fand er damals unter den Hippies. Schon zu dieser Zeit wurde deutlich: Hare Krishna bot sich als Alternative zu der westlichen Lebensart an. Sie wirkt bis heute attraktiv für Leute, die aus der Gesellschaft aussteigen und einfach ganz anders leben wollen. Ihre Botschaft lautet: Der Westen ist auf Materielles, auf Geld und Besitz ausgerichtet, der Osten besitzt die Kraft der Spiritualität. Der Westen ist nicht mehr in der Lage, seine Krisen, z. B. Arbeitslosigkeit, Drogenprobleme, Kriminalität etc., zu lösen, er hat geistig abgewirtschaftet.

Jörg ist inzwischen der Krishna-Bewegung beigetreten. Er hat einen Guru gefunden, der ihn in die Spiritualität und Gedankenwelt Indiens einführt. Jörg hat volles Vertrauen zu ihm. Seine Ausbildung hat er unterbrochen, er will sie im nächsten Jahr fortsetzen. Sein Leben hat er radikal geändert. Er verzichtet auf den Verzehr von Fleisch, Fisch und Eiern; er trinkt keinen Kaffee mehr und kein Bier, auch rührt er keine Zigarette mehr an. Das Kartenspiel am Samstagabend fällt genauso flach wie der Besuch im Fußballstadion und ebenso verspürt er keine Lust mehr an Kino und Diskotheken. Stattdessen widmet er sich intensiv der Meditation, besonders dem Chanten des Krishna-Mantras „Hare Krishna, Hare Krishna, Krishna Krishna, Hare, Hare..." Das Krishna-Bewusstsein, das heißt die Ausrichtung des gesamten Lebens auf die indische Gottheit Krishna und ihre Verehrung, bestimmt Jörgs Streben.

Er taucht in eine andere Welt ein, liest fortan täglich in den heiligen Schriften Indiens und verliert mehr und mehr den Kontakt zu seinen alten Freunden. Denn diese gehen immer noch zum Stadion, spielen am Samstag Karten oder verabreden sich zum Kinobesuch. Jörg aber sucht das Heil im Osten.

Aber: Kommt das Heil wirklich aus dem Osten? Sicherlich tut es vielen Menschen gut, einmal abzuschalten, zur Ruhe zu kommen, „die Seele baumeln zu lassen". Die Ausbreitung fernöstlicher Religiosität verdeutlicht einen Mangel und eine Sehnsucht: einen Mangel an Stille im Alltag, aber auch in christlichen Gottesdiensten, sowie die Sehnsucht nach innerlicher Ruhe und die Loslösung vom Alltagstrott.

Aber es wäre ein Irrtum zu meinen, in Indien seien alle Menschen ausgeglichen, entspannt und alle Probleme gelöst. Es ist ein Irrtum zu meinen, das Heil sei im Osten verwirklicht und müsse nur noch mittels bestimmter Meditations- und Entspannungstechniken in den Westen transportiert werden. Die neuhinduistischen Guru-Bewegungen führen nicht nur in Meditation ein, sondern auch in die geistige Welt des Hinduismus und seiner kulturellen Vorstellungen.

Für Sinnsucher gilt: Sicherlich ist es interessant und bereichernd, sich mit östlicher Weisheit und Spiritualität zu befassen. Hier gibt es sehr gute Einführungen. Wer sich aber auf den spirituellen Weg des Hinduismus oder Buddhismus begeben will, benötigt dafür sehr viel Geduld, Übung und Zeit. Der Ferne Osten eignet sich ebenso wenig wie der Wilde Westen als Fluchtort vor Schwierigkeiten und Problemen im Alltag.

Infos: *Guru, Jugendsekte, Meditation, Spiritualität, Veda*

Öffentliches Auftreten von Hara-Krishna-Anhängern.

Inkarnation (lat. caro: Fleisch) bedeutet Fleischwerdung. Darunter versteht man, dass ein geistiges Wesen menschliche Gestalt annimmt. So wird von der Inkarnation Gottes gesprochen: Er wurde nach christlichem Verständnis Mensch (Fleisch) in Jesus. – Im esoterischen Zusammenhang ist gemeint, dass sich Geistwesen aus unterschiedlichen Gründen (z. B. als Strafe) inkarnieren und in unserer materiellen Welt eine Aufgabe erfüllen müssen, bis sie wieder in den Urzustand kommen dürfen. (↗ *Reinkarnation,* ↗ *Jenseits*)

Islam: siehe S. 100.

Jenseits: Fester Bestandteil des christlichen Glaubens ist die Annahme, dass es ein Jenseits gibt. Die Vorstellungen reichen von einem dinglichen Jenseits bis zu einer rein geistig gedachten Welt. In das Jenseits gelangen die auferstandenen Toten oder die unsterblichen Seelen Verstorbener. Bedeutsam im Christlichen sind nicht konkrete Bilder vom Jenseits, sondern vielmehr der ↗ *Glaube* (das Vertrauen): Es wird einen Ort geben, an dem Verstorbene bei Gott sein werden. Das „bei Gott sein" wird auch als Himmel beschrieben. – Mit dem aufkommenden ↗ *Okkultismus* im letzten Jahrhundert wird die Jenseitsvorstellung aus ihrem religiösen Rahmen gelöst und als Bereich einer „okkulten Wissenschaft" betrachtet. Mit Hilfe von Jenseitsbrücken (↗ *Medien*) soll es möglich sein, mit den im Jenseits lebenden Geistern Kontakt aufzunehmen (↗ *Geister,* ↗ *Gläserrücken,* ↗ *Schreibendes Tischchen,* ↗ *Tonbandstimmen*).

Jenseitskontakte: (↗ *Jenseits,* ↗ *Spiritismus,* ↗ *Schreibendes Tischchen,* ↗ *Tonbandstimmen,* ↗ *Pendel,* ↗ *Medium.*)

Judentum: siehe S. 52.

Jugendsekte: Etwa 1970/72 machten so genannte Jugendsekten (auch Jugendreligionen genannt) auf sich aufmerksam. Dies sind und waren spirituelle Organisationen, die in Deutschland (zunächst in Westdeutschland) Fuß fassen konnten. Man ging davon aus, dass sie überwiegend Jugendliche als Mitglieder gewinnen wollten, daher der Name Jugendsekte/Jugendreligion. – Um 1975 wurden nur wenige Organisationen zu diesen so genannten Jugendreligionen gezählt. Dies waren die Osho-Bewegung (früher Bhagwan), die Scientology-Organisation, die Transzendentale Meditation (TM), die Mun-Bewegung, Hare-Krishna- und Sri Chinmoy-Bewegung. – Die Anzahl der Gruppen/Organisationen war also noch überschaubar. Und so ist zu verstehen, dass sich die gleiche Bezeichnung (Jugendreligion/Jugendsekten) als Sammelbegriff und zugleich als Charakterisierungsmerkmal durchsetzte. Die Sammelbezeichnung „Jugendsekte/Jugendreligion" ist heute irreführend, da von diesen Gruppierungen keine Jugendlichen unter 18 Jahren als Mitglieder angeworben werden. Weil die Mitgliedschaft von (jungen) Erwachsenen in diesen Gruppierungen häufig sehr konfliktvoll ist, etablierte sich auch der Name „Destruktive Kulte" oder „Konflikträchtige Bewegungen". (↗ *Sekte*)

Karma ist das Gesetz von der Vergeltung der Taten. Aus dem Hinduismus stammt die Vorstellung, dass jede menschliche Tat eine Folge hat. Je nach Art der Tat wird die Folge sein: gut oder böse. Entsprechend ist auch die Vergeltung der Tat. Das aktuelle menschliche Schicksal hat also etwas mit den eigenen (früheren) Taten zu tun: Nur so ist nach Auffassung der Anhänger/innen der Karmalehre die Tatsache zu verstehen, dass es große Unterschiede zwischen den Menschen gibt, beispielsweise Arme und Reiche. Der Mensch allein ist für sein Schicksal verantwortlich. Gott spielt hier keine Rolle. Eng mit dieser Vorstellung ist die Wiedergeburtslehre verbunden. (↗ *Reinkarnation*)

Kirche: Der Begriff „Kirche" hat mehrere Bedeutungen. Damit wird einmal ein christliches Gotteshaus bezeichnet. Des Weiteren wird mit „Kirche" die Gemeinschaft von Christen benannt, die im Glauben an Jesus Christus verbunden sind. Auch kann mit diesem Begriff eine Institution mit einem bestimmten Aufbau und einer bestimmten Ordnung gemeint sein, z.B. die „Evangelische Kirche", die „Römisch-Katholische Kirche", die „Griechisch-Orthodoxe Kirche" u.a. Im christlichen Verständnis leitet sich Kirche von Jesus Christus her, das Bekenntnis zu ihm und der ↗ *Glaube* sind zentral. Auch nennen sich christliche Sondergemeinschaften Kirche wie z.B. die „Neuapostolische Kirche". – Die Bezeichnung „Kirche" ist nicht geschützt und nicht einer einzigen Gemeinschaft vorbehalten. So nimmt auch die 1954 gegründete Scientology-Organisation für sich die Bezeichnung „Kirche" oder „church" in Anspruch. Viele Experten sehen allerdings die Scientology-Organisation nicht als Kirche, auch nicht als eine Religionsgemeinschaft an und werfen ihr Etikettenschwindel vor. Sie sehen in ihr ein Wirtschaftsunternehmen, das umstrittene Persönlichkeitskurse und andere Dienstleistungen verkauft, bei denen der Glaube keine Rolle spielt.

Kirlianfotografie heißt der Versuch, mit fotografischen Mitteln die ↗ *Aura* des Menschen sichtbar zu machen (auch Aurafotografie genannt). Angebote dazu sind auf jeder Esoterikmesse zu finden.

Kristallkugel: Hilfsmittel, mit dem sich ein ↗ *Medium* in einen tranceähnlichen Zustand versetzt, um ↗ *Hellsehen* zu können. Habt ihr schon mal lan-

Zeigt sich so die Zukunft?

ge in die Wolken geschaut und plötzlich dort ein Bild entdeckt? Wie ist es mit einer sehr unruhigen Tapete? Wir können diese Strukturen benutzen, um darin Bilder zu projizieren (sensorischer ↗ *Automatismus*). Es werden Gedanken und Unterbewusstes freigesetzt.

Levitation (lat. levis: leicht): Bestimmte Meditationstechniken versprechen, durch eine Bewusstseinsveränderung auch die Möglichkeiten des Körpers wesentlich zu verändern. Hat man einen bestimmten geistigen Zustand erreicht, so soll auch das Gesetz der Schwerkraft aufgehoben werden und ein Mensch kann schweben. (↗ *feinstofflich*)

Magie wird der Versuch genannt, mit Hilfe von Beschwörungen und kultischen Handlungen materielle und nichtmaterielle Dinge zu beeinflussen. Das, was sich der eigenen Verfügbarkeit entzieht, soll mit Hilfe von geheimen und allmächtigen Formeln und Riten dem eigenen Willen unterworfen werden. Wir unterscheiden „Weiße Magie" und „Schwarze Magie". Es handelt sich um das rituelle In-Dienst-Nehmen von Kräften, um einen Menschen positiv zu beeinflussen (↗ *Weiße Magie*) oder zu schädigen (↗ *Schwarze Magie*). Dies geschieht beispielsweise durch Zaubersprüche über Gegenstände wie Talismane und Amulette (↗ *Talisman*). Die Frage stellt sich: Wie viel Magie brauchen wir? Vermutlich hat jeder Mensch bestimmte magische Vorstellungen und Praktiken.

Materialisation ist Erscheinen (oder Verschwinden = ↗ *Dematerialisation*) von Gegenständen, ohne dass eine äußere Ursache erkennbar wäre. Da das vermutliche Geschehen nicht physikalisch erklärt wird bzw. nicht erklärt werden kann, werden paranormale Fähigkeiten oder ↗ *Geister* als Erklärung angenommen. (↗ *paranormal*)

Meditation: In der Geschichte des Christentums wird darunter die Betrachtung oder die Besinnung verstanden. Dabei werden z. B. Worte aus der Bibel bedacht und „verinnerlicht". In verschiedenen religiösen Traditionen haben sich unterschiedliche Meditationsweisen entwickelt, die jeweiligen Formen sind vom Inhalt der Religion bestimmt (↗ *Yoga*). – Heute hat Meditation eine umfassende Bedeutung, darunter werden die Versenkung, das Herauslösen aus der Außenwelt, die Stille in der Hektik oder das innerliche Leerwerden verstanden. Sehr verbreitet und beliebt sind heute fernöstliche Meditationsformen. Besonders in der ↗ *Esoterik* sind die Grenzen zwischen Meditation und ↗ *Therapie* fließend. – Natürlich gibt es auch heute Meditationsformen, die unserem westlichen Kulturkreis (mehr) entsprechen. So richten sich christliche Meditationsangebote (z. B. von Orden) heute auch an Jugendliche, die ihren Glauben (↗ *Glaube*) vertiefen oder einen neuen Zugang erfahren möchten. (↗ *Spiritualität*, ↗ *Mystik*)

Meditationskassetten aus dem esoterischen Bereich sind mit Musik und/oder Texten bespielt und sollen eine Bewusstseinserweiterung ermöglichen. Ziel dabei ist es, eine besonders entspannte Situation herzustellen, bei der Informationen direkt in das Unterbewusstsein eindringen können. Häufig sollen durch die Anwendung der Meditationskassetten persönliche Probleme angegangen werden. Es geht also nicht nur um Entspannung und „sich wohl fühlen". So soll es nämlich möglich sein, sich beispielsweise das Rauchen abzugewöhnen, Körpergewicht zu reduzieren, Krankheiten zu heilen oder schnell reich und erfolgreich zu werden. Zumindest wird dies versprochen. Häufig werden diese Kassetten im Zusammenhang mit ↗ *Brain-machines* verwendet. (↗ *Suggestion*)

Medium nennt sich eine Person, die durch ein Schlüsselerlebnis oder durch eine Einweihung die Fähigkeit entdeckt (entwickelt) hat, mit der Geisterwelt Kontakt aufzunehmen. Das Medium versteht sich als Sprachrohr eines höheren Wesens, das auf übersinnliche Weise den Menschen Botschaften übermittelt. Die Kontaktnahme kann mit einer sog. spiritistischen Praktik erfolgen. Meist ist mit dieser Gabe noch die Fähigkeit verbunden, außergewöhnliche Effekte zu produzieren, beispielsweise Löffel zu verbiegen, ohne diese richtig zu berühren (↗ *Psychokinese*), oder es werden bestimmte hellseherische Fähigkeiten präsentiert (↗ *Hellsehen*). Diese gelten dann als Beweise dafür, dass hier tatsächlich eine besondere Begabung vorliegt. (↗ *ASW*, ↗ *Automatisches Schreiben*, ↗ *Fernheilen*, ↗ *Gläserrücken*, ↗ *Kristallkugel*, ↗ *Schreibendes Tischchen*)

Mediumistische Psychose ist die krankhafte Vorstellung, dass sich die ↗ *Geister* direkt, ohne die Zwischenschaltung eines Hilfsmittels, bei einem melden. Die Geister werden direkt gehört oder gesehen und sie geben Aufträge, die unter Umständen selbstzerstörerische Inhalte haben.

mental (lat. mens: Verstand, Gedanke): Menschliche Handlungen sind das Ergebnis mentaler Vorgänge. – Häufig wird bei der Benutzung des Wortes mental von der Lehre ausgegangen, dass alle Realität Geist ist. In diesem Sinne wird mental oft in esoterischen Zusammenhängen benutzt. Das Wort mental wird in enger Verbindung mit der Lehre vom ↗ *Positiven Denken* gebraucht. Der Mensch erhält durch seine positiven und gereinigten Gedanken Anschluss an das göttliche Prinzip, das hier als eine Art Gnadenstrom angenommen wird.

Metaphysik: Ursprüngliche Bezeichnung für die Bücher, die Aristoteles nach (griech. meta) den Büchern über die Physik angeordnet hatte. Später verstand man darunter das Denken, dessen Erkenntnis und Begründung über die Natur (griech. physikos) hinausgeht. Metaphysik ist die philosophische Lehre von den letzten Gründen und Zusammenhängen des Seins. Es entstand im Mittelalter die Vorstellung der „trans naturalia", also was über der Natur steht: Hiermit ist Übersinnliches und ↗ *Transzendenz* gemeint. – In okkulten Kreisen bezeichnen sich

Fortsetzung auf Seite 62

Der direkte Draht nach oben

Wer kennt die Fragen nicht: Stimmt das eigentlich alles, was in der Bibel steht? Hat Gott damals wirklich durch die Propheten gesprochen? Ist nicht alles in der Bibel von Menschen erfunden? Und wenn Gott wirklich gesprochen hat: Was ist in der Bibel Wort Gottes und was Wort von Menschen? Oft erscheint es mühsam, durch die zeitbedingten Vorstellungen, durch die fremde Ausdrucksweise zur Botschaft des biblischen Textes durchzudringen. Im O-Ton liegt das Wort Gottes sowieso nicht vor. Und wer kann schon sagen, dass er beim Beten die Stimme Gottes vernimmt?

Einfacher hat es da schon Sabine, Studentin im dritten Semester, die sich regelmäßig in einem Kreis trifft, in dem der direkte Draht zu Gott erfahrbar werden soll. Dieser Kreis gehört zu einer Gruppe, die sich „Universelles Leben" nennt und in Würzburg beheimatet ist. An der Spitze steht Gabriele Wittek, die von den Anhängern als Prophetin gesehen wird, durch die Gott heute direkt sprechen soll.

Solche Gruppen werden von Kritikern als „Neuoffenbarungsgruppen" bezeichnet, weil sie die biblische Offenbarung durch neue Offenbarungen erweitern oder ersetzen wollen. Eine andere bekannte „Neuoffenbarungsgruppe" ist die im Schwarzwald ansässige Gemeinschaft „Fiat Lux" mit der „Prophetin" Uriella als Leiterin.

Sabine geht jeden Freitag in die Gruppe. Die Bibel hat sie beiseite gelegt, seit sie Gottes Wort direkt durch den Mund der Prophetin vernehmen kann. Überprüft und kritisiert werden kann die Leiterin nicht, denn was sie sagt und denkt, kommt ja direkt von Gott. Und wer wird schon Gott kritisieren?

Verständlich ist der Wunsch von Sabine, endlich das Wort Gottes in unserer Zeit klar und deutlich zu hören. Der „garstige Graben der Geschichte" wird übersprungen. Das Leben bekommt auf einmal einen Sinn, den man sich nicht selbst zusammenbasteln muss, sondern der „von oben" verbürgt ist. Das gibt Sicherheit, gerade in der Welt der Universität, in der die unterschiedlichen Weltanschauungen gelebt und vertreten werden.

Allerdings: Ist diese Sicherheit nicht trügerisch? Sabine steht in Gefahr, ihre Denk- und Kritikfähigkeit aufzugeben und blind einer selbst ernannten Prophetin zu vertrauen.

Die christlichen Kirchen erkennen neue Offenbarungen nicht an; die Neuoffenbarungsgruppe „Universelles Leben" wird abgelehnt, weil die Bibel so verändert wird, wie es Frau Wittek und der Leitung passt, und weil außerchristliches Gedankengut – etwa der Glaube an die Wiedergeburt (Reinkarnation) – aufgenommen wird. Jesus Christus, so sagen die Kirchen, ist die endgültige Offenbarung Gottes. An ihm selbst, an seinem ganzen Leben, seinem Tod und seiner Auferstehung wird ablesbar und offenbar, wer Gott ist und wie er für die Menschen handelt. Die Apostel und Jünger haben dies bezeugt und weitergegeben. Da braucht es keine neue Offenbarung mehr. Wohl muss es Menschen geben, die das Wort Gottes erklären, deuten und in ihrem Leben bezeugen.

Vielleicht sucht Sabine und mit ihr viele Menschen etwas anderes: das Wort Gottes nicht als toten Buchstaben, sondern als lebendige Erfahrung. Der Wunsch, die Stimme Gottes auch im eigenen Leben zu vernehmen, ist ein berechtigtes Anliegen. Das ist auch das Anliegen von vielen Christinnen und Christen. Ein Weg dahin sind christliche Meditationen, aber auch das Gebet. Hier gibt es inzwischen einige Möglichkeiten, in Klöstern oder an anderen Orten das zu erlernen oder zu erfahren – auch für Jugendliche. Dafür muss man nicht zu Uriella gehen oder zu Gabriele Wittek oder einem anderen Medium.

Infos: *Channeling, Medium, Offenbarung, Prophet, Spiritismus, Theologie*

die, die ein besonderes Wissen besitzen und sich in die Nähe zu universitären Forschungen bringen wollen, als „Dr. der Metaphysik", obwohl es einen solchen akademischen Grad nicht gibt.

Mystik/Mystagogie: Mystik ist Erfahrung! Menschen machen – unter bestimmten Umständen – Erfahrungen von Tiefe und Einheit. Diese Erfahrungen lassen sich nicht einfach erzeugen und wiederholen. Mystische Erfahrungen heben die Trennung zwischen dem, der erfährt, und dem Erfahrenen auf: Es entsteht ein Einswerden mit dem „Gegenüber"; persönliche Begrenzungen sind aufgehoben. Der Mystiker geht auf (im Sinne eines innerpsychischen Prozesses) in das Sein und fühlt sich aufgehoben in der Schöpfung, also in allem, was ist. Die mystische Schau wird als „Versenkung der Seele" verstanden. – Mystagogie ist die Einführung in diese mystischen Erfahrungen. Diese Mystagogie fördert die Haltung, Ehrfurcht vor dem Sein, vor dem Leben zu entwickeln. Umwelt wird zur Schöpfung, die gegeben wurde, für die Verantwortung zu übernehmen ist. Die Welt besteht nicht nur aus Erklärbarem, Berechenbarem und Vorhersehbarem. Mystisch denkende und fühlende Personen entwickeln ein Verhältnis zum Geheimnisvollen. (↗ *Glaube,* ↗ *Spiritualität,* ↗ *Transzendenz*)

Mythos/Entmythologisierung: Menschen kommen nicht ohne Mythen (von griech.: mythos = Wort, Erzählung) aus. Wesentliche Lehren werden mythologisch übermittelt. Mythenbildung trägt dazu bei, dass angenommene Wahrheiten weitergegeben werden. Dies geschieht beispielsweise in Geschichten und Bildern. Entmythologisierung ist nun das Bemühen, die Welt zu „entzaubern", das Geheimnis herauszunehmen. Sicher ist es richtig, nicht in jedem Baum einen Geist zu sehen oder in jedem Gegenstand (im Sinne der Magie) geheime Kräfte zu vermuten (↗ *Magie*). Die Größe der Welt und die Vielschichtigkeit der menschlichen Erfahrungen können mit Rationalität aber alleine nicht erklärt und verstanden werden. Mythen machen auf Geheimnisse „zwischen Himmel und Erde" aufmerksam. Mythen wollen Geheimnisse nicht (irgendwie) „lüften", sondern sie wollen in der jeweiligen konkreten Zeit, mit entsprechenden aussagestarken Bildern, Vorstellungen des Geheimnisvollen vermitteln.

New Age: Damit ist das neue Zeitalter gemeint, aber auch eine Bewegung um 1980, die davon ausging, dass dieses neue Zeitalter schon angebrochen sei. Vieles, was hier angenommen wurde, ist in der neuen religiösen Szene (↗ *Esoterik*) weiter aktuell: Fest gemacht wird das neue Zeitalter an dem Wechsel der Sternenbilder. Wir sind vom Fische- ins Wassermann-Zeitalter übergegangen. Das Fische-Zeitalter (identisch mit dem Zeitalter des Christentums) wird nun vom Wassermann-Zeitalter abgelöst. Was im Fische-Zeitalter nicht möglich war (Frieden, Einheit von Mensch und Schöpfung usw.), wird im (nachchristlichen) Wassermann-Zeitalter möglich. Anhänger der früheren New-Age-Bewegung sa-

UNHEIMLICHE PHÄNOMENE

Papan

hen dafür erste Anzeichen (z. B. Bewusstseinsveränderung, was die Umwelt angeht, Friedensbewegung usw.).
– Innerhalb der New-Age-Bewegung wurden unterschiedliche Gruppen und Initiativen angetroffen. Es konnte aber nicht von einer einheitlichen Bewegung gesprochen werden (mit einheitlichen Zielen und Lehren), sondern von vielen Lehren, Auffassungen und Praktiken (↗ *Synkretismus*). – Auch heute wird (wie in der New-Age-Bewegung) von vielen angenommen: Die Veränderung der Welt geschieht nicht als laute Revolution, sondern als „sanfte Verschwörung", wie es aus der New-Age-Bewegung hieß (MARILYN FERGUSON). Vertreter des New Age sind weiterhin bekannte und viel gelesene Autoren und Autorinnen. Zu den bekanntesten zählen FRITJOF CAPRA mit seinem grundlegenden Werk „Wendezeit" und die o. g. MARILYN FERGUSON. – Das Gemeinsame im New Age wie in vielen neuen religiösen Bewegungen ist wohl die Auffassung, dass Geist und Materie eine Einheit bilden. Menschlicher Geist und Materie werden sich (nach dem Tod) mit dem Kosmos verbinden. Alles wird zu einer großen Einheit verschmelzen. Nicht der einzelne Mensch wird weiterleben, sondern er wird eingehen in das Große, das Unendliche. Dies wird als das Verschmelzen mit dem Göttlichen verstanden (↗ *Nirwana*, ↗ *Reinkarnation*, ↗ *Jenseits*). Gott wird nicht personal gedacht (↗ *Gott*), sondern als kosmische, verbindende Kraft.

Nirwana: Im Buddhismus gilt das Nirwana als der Ort der Erlösung. Im Nirwana ist der Mensch von Geburt und Tod erlöst (↗ *Reinkarnation*, ↗ *Karma*). Es sind viele Leben notwendig, um den hohen Seelenzustand zu erreichen, der ins Nirwana führt. In der Meditation und der dadurch erreichten Loslösung von der Welt wird die Reise ins Nirwana vorbereitet. So wird sie rein und löst das Karma auf. Die Fahrt ins Nirwana geschieht – so wird dies im Buddhismus bildlich verstanden – mit dem „Kleinen Fahrzeug" (Floß); damit ist der Heilsweg einer einzelnen Person genannt. Das „Große Fahrzeug" ist für alle Wesen, die Heil suchen, bestimmt. Das Nirwana wird als „sicheres Ufer" verstanden.

Offenbarung meint die Übermittlung von Erkenntnissen oder Botschaften auf übernatürliche Weise. Ein Offenbarungsempfänger erhält z. B. in einer Vision, in einem Traum oder im inneren Wort von Gott oder einer höheren Macht eine Mitteilung, die ihm allein gilt oder die im göttlichen Auftrag an andere weitergegeben werden soll. – Die großen Religionen – Judentum, Christentum und Islam – werden als Offenbarungsreligionen bezeichnet, da sie sich nicht auf menschlichen, sondern auf göttlichen Ursprung berufen: Im jüdischen Verständnis wird unter Offenbarung zuerst das Wort Gottes verstanden, das als göttliche Weisung in der Thora, den fünf Büchern Mose, aufgezeichnet ist. Gott hat sich in der Geschichte und in der erfahrbaren Welt seinem Volk Israel (und damit nach späterem christlichen Glauben allen Menschen) offenbarend mitgeteilt. Darüber hinaus gelten aber auch die Weisungen, die Gott den Propheten erteilt hat, als Offenbarung. – Im christlichen Verständnis ist Jesus von Nazaret der Höhe- und Schlusspunkt der Offenbarung. In Christus hat Gott sich ganz den Menschen mitgeteilt. Altes (Erstes) und Neues Testament gelten für die Kirchen als die Offenbarung Gottes und somit als Heilige Schrift. Darüber hinaus wird keine weitere direkte Offenbarung anerkannt. Gruppierungen, welche die Bibel durch andere Offenbarungen verändern oder ergänzen, gelten im christlichen Sinn als Sekten (⌐ *Sekte*, ⌐ *Spiritismus*). – Im Islam wird der Koran als Offenbarung bezeugt, die dem Propheten Mohammed direkt von Gott übermittelt wurde.

Okkultismus (lat. occultus: verborgen) heißt die Sammelbezeichnung für Lehren und Praktiken, die Erscheinungen deuten, die nicht mit den Naturgesetzen erklärt werden können. Der Okkultismus beschäftigt sich also mit geheimnisvollen Erscheinungen der Natur und Psyche, z. B. Spuk, Geisterstimmen, ⌐ *Dematerialisation* und ⌐ *Levitation*. Dabei kommen spezielle Techniken und Verfahren zur Anwendung, um verborgene Kräfte des Kosmos aufzuspüren, die sich mit den Methoden der modernen Erfahrungswissenschaften nicht messen lassen. Der Okkultismus versucht mit dem ⌐ *Spiritismus* zu erklären, wie es zu den außergewöhnlichen Erscheinungen kommt. Er nimmt zum einen die Existenz von ⌐ *Geistern* an, zum anderen ist er von der Beseeltheit der Natur überzeugt. Zum modernen Okkultismus gehören u. a. die Themen: ⌐ *Spiritismus*, ⌐ *Magie*, ⌐ *Gläserrücken*, ⌐ *Schreibendes Tischchen*, ⌐ *Rute*, ⌐ *Orakel*, ⌐ *Satanismus*.

Orakel (lat. oraculum: wörtliche Übersetzung Sprechstätte): Zunächst ist der Ort einer geheimnisvollen Weissagung gemeint, im weiteren Sinne aber auch die rätselhafte Andeutung oder Weissagung selbst. Orakeln ist demnach weissagen, häufig verbunden mit Ritualen oder bestimmten Gegenständen. So ist die Zukunftsschau mit einer ⌐ *Kristallkugel* durchaus als Orakel anzusehen. Beispiel: Bleigießen zu Silvester. Etwas flüssiges Blei wird in kaltes Wasser gegossen. Durch den Kälteschock springt das Blei auseinander und bildet eine bizarre Form. Diese wird dann gedeutet (Was bringt mir das Jahr?). Das wäre bereits ein Orakel, auch wenn es hier eher als Gestaltungselement für die Silvesterparty angesehen wird. (⌐ *I Ging*, ⌐ *Runen*, ⌐ *Tarot*)

paranormal: Bezeichnung für die Eigenart jener Erscheinungen/Vorkommnisse, die im Grenzbereich zwischen dem Normalen und Anormalen bzw. zwischen dem Natürlichen und dem Außer- bzw. Übernatürlichen liegen. Normal wäre beispielsweise: Da wird ein Gegenstand losgelassen, und er würde fallen (das ist aus der Physik bekannt: Fallgesetz und Schwerkraft). Angenommen aber, der Gegenstand würde nicht fallen, sondern zur Decke aufsteigen: Das wäre anormal. Hier würde von Psi-Phänomenen gesprochen (⌐ *Psi*). Die uns bekannten Naturgesetze sind nicht anzuwenden. Wieso soll ein Gegenstand schweben und nicht herunterfallen? Und der Gegenstand wäre kein Gasluftballon, sondern ein Stein oder ein Buch ...

Fortsetzung auf Seite 69

Spökenkieker und Psi-Faktor

Früher gab es in Westfalen einige Spökenkieker. Das waren Männer und Frauen, die Zukünftiges vorhersehen konnten. Nun darf man sich das nicht so vorstellen, dass sie ständig irgendwelche Visionen hatten, also ständig über die Zukunft Aussagen machten. Spökenkieker hatten – oft ungewollt – Eingebungen, die etwas über zukünftige Ereignisse aussagten. Der Inhalt und die Aufschlüsselung der teilweise geheimnisvollen Bilder und Visionen konnten aber erst richtig verstanden werden, wenn sich etwas ereignete, wo dann gesagt werden konnte: „Siehste, das hat doch Annemaria so vorhergesagt." Annemaria war also eine Frau mit der Gabe des „zweiten Gesichtes". So wurde diese Fähigkeit auch genannt. Ob Annemaria, Bernhard oder Linus, in den kleinen Dörfern gab es eben diese weisen Leute. Vermutlich gibt es solche Berichte auch aus anderen Gegenden. Danach müssten wir mal ältere Menschen befragen.

Die Gabe des „zweiten Gesichtes" wurde als eine Realität angenommen, nicht hinterfragt. Das war eben so. Heute würden diese Geschichten von der Parapsychologie erforscht. Wobei bereits ab dem Jahr 1882 die Erforschung so genannter „Psi-Phänomene" systematisch mit der Gründung der britischen „Society for Psychical Research" begonnen hatte. Aber eben nicht in Deutschland und schon gar nicht in Westfalen wurde geforscht. Da konnten die Spökenkieker also in Ruhe ihren Fähigkeiten nachkommen. Aber schon 1932 erschien in Leipzig ein dickes Buch als Methodenlehre für die Parapsychologie. Verfasser war der Philosoph Hans Driesch. 1950 kam es zur Gründung des „Institutes für Grenzgebiete der Psychologie und Psychohygiene" in Freiburg. Kennern fällt dann sofort der Name Professor Hans Bender ein, einer der ersten, der systematisch so genannte Psi-Phänomene untersucht hat.

Die hier wissenschaftlich arbeitenden Parapsychologen haben

nichts gemeinsam mit denen auf dem Esoterikmarkt oder der unprofessionellen Therapeutenszene. Wissenschaftliche Parapsychologen arbeiten mit Methoden und Verfahren, die überprüfbar sind. Da gibt es Untersuchungen, Befragungen, Experimente und Reihenversuche, Auswertungen und Statistiken – und ganz vorsichtig formulierte (Zwischen-)Ergebnisse. Dagegen verkünden die selbst ernannten Parapsychologen selbstsicher ihre Privatmeinung, ihre Intuition und präsentieren oft große Spekulationen als ihre große Erkenntnis und als Wahrheit. Also Vorsicht! Nicht jeder, der sich Parapsychologe nennt, ist auch einer.

Die Parapsychologen in Freiburg (also die Fachleute!) untersuchen die so genannten paranormalen Phänomene (Ereignisse). Diese werden zusammengefasst auch als „Psi-Phänomene" bezeichnet. Zu den Psi-Phänomenen werden die „außersinnlichen Wahrnehmungen" (ASW) gerechnet. Dazu gehören Telepathie (Erspüren bzw. Wahrnehmen von Gedanken anderer), Hellsehen (Erkennen von Ereignissen, die sich an einem anderen Ort ereignet haben) und Präkognition (Vorhersagen, was sich erst in Zukunft so oder so ähnlich ereignen wird). Hier sind wir dann wieder bei Annemarie und bei den westfälischen Spökenkiekern angelangt. Denn das, was die konnten (ab und zu!), das würden wir Präkognition nennen.

Zu den Psi-Phänomenen gehört dann noch der Bereich der „Psychokinese" (PK). Hierunter werden alle Erscheinungen/Vorkommnisse zusammengefasst, bei denen Materie sich verändert, in Bewegung gerät, sich verformt, auflöst (Re- und Dematerialisation). Also, wenn von Spuk gesprochen wird, dann könnte es sich um PK handeln oder wenn in einer Todessekunde die Uhr stehen bleibt oder wenn Löffel verbiegen, ohne dass sie berührt werden, dann kann dies PK sein. Wohlgemerkt: kann!

Die alles entscheidende Frage ist für viele: Ja, stimmt das denn, geht das alles? Diese Frage müssen wir den Parapsychologen stellen. Mit großer Vorsicht würde geantwortet, dass es deutliche Anhaltspunkte für das Vorkommen von Psi-Phänomenen gibt. ASW und PK kommen vor, wenn auch nicht so häufig, wie darüber oft aufreißerisch berichtet wird. Manchmal wird eine Täuschung festgestellt, also die Inszenierung eines Psi-Effektes, beispielsweise wenn es irgendwo spuken soll. Bei einigen Vorkommnissen wird nach längerer Beschäftigung damit herausgefunden, dass eine natürliche Erklärung möglich ist. Es kommt zu so einer Erklärung, die etwas mit der Psyche der untersuchten Person zu tun hat oder mit physikalischen Bedingungen in der Umgebung des aufgetretenen Phänomens. In der Regel lassen sich Vorkommnisse klären, die etwas mit spiritistischen Sitzungen und Praktiken zu tun haben. Pendeln, Gläserrücken, Automatisches Schreiben usw. lassen sich gut erklären. Bei alledem muss es keine Geister geben, auch nicht bei den o. g. Spukereignissen. Wobei die Parapsychologen sich da offen halten: Im Letzten wissen wir eben nicht, was uns alles beeinflusst. Mit großer Sicherheit sind aber im konkreten Fall natürliche Erklärungen eher plausibel und möglich als die Hinzuziehung von Erklärungen, bei denen die Einflussnahme von Geistern angenommen wird. – Und gibt es nun Geister? Da halten sich die Parapsychologen bedeckt und verweisen lieber auf die Theologen, denn das habe wohl mehr mit Glaubensfragen zu tun – und dafür sei die Parapsychologie nicht zuständig.

Infos: *Animismus, Apporte, ASW, Automatisches Schreiben, Automatismus, Dematerialisation, feinstofflich, Geister, Gläserrücken, Hellsehen, Magie, Medium, Mediumistische Psychose, Okkultismus, paranormal, Parapsychologie, Pendel, Präkognition, Psi, Psychokinese, Schreibendes Tischchen, Schreibzwang, Spiritismus, Spukerscheinungen, Telekinese, Telepathie, Tonbandstimmen*

Parapsychologie ist die Wissenschaft, die sich mit den Psi-Phänomenen (↗ *Psi*) befasst. Das sind Phänomene, die mit bisher bekannten und anerkannten Tatsachen nicht zu vereinbaren sind. Parapsychologen haben eine universitäre Ausbildung. Sie untersuchen die sog. paranormalen Phänomene mit wissenschaftlichen Methoden, wie Statistik, Experiment, Bildung von Hypothesen und Thesen, mit verschiedenen Versuchsreihen usw. – Im Bereich des Okkultmarktes (↗ *Okkultismus*) und Esoterikmarktes (↗ *Esoterik*) versuchen viele Geschäftemacher, ihrer Arbeit, die gegen Honorar angeboten wird, durch die Bezeichnung „Parapsychologe" einen wissenschaftlich seriösen Anstrich zu geben.

Pendel nennt man ein Hilfsmittel, bei dem sich an einer kleinen Kette ein leichtes Gewicht befindet. Hiermit soll es möglich sein, mit Geistern in Kontakt zu treten, Krankheiten zu lokalisieren und wertvolle Materialien zu finden. So können wir sagen: Das Pendeln ist eine spiritistische Praxis, um Botschaften der Verstorbenen zu erhalten (↗ *Spiritismus*). Wir unterscheiden zwei Weisen: (1) Mentales Pendeln – auf Sachverhalte bezogen (Ortsangaben, Entscheidungen über Leben und Tod einer bestimmten Person, Gesundheit, Aussagen über das Geschlecht eines ungeborenen Kindes) und (2) Physikalisches Pendeln – auf reale Dinge gerichtet wie Wasser und Erzadern. Auf dem Esoterikmarkt (↗ *Esoterik*) sind eine Vielzahl von Pendeln in unterschiedlichen Formen und Materialien erhältlich, die verschiedenartige Wirkweisen haben sollen.

Pendel in Aktion.

In der Literatur wird ein Pendel zum ersten Mal im klassischen Rom erwähnt, als Soldaten über einem Kessel den Ausgang eines Feldzugs auspendelten. (↗ *Wünschelrute*)

Positives Denken: Feststehender Begriff, der die Auffassung umschreibt, dass sich der Mensch durch positive Gedanken selbst stark beeinflussen und steuern kann. Anhänger des Positiven Denkens sind überzeugt, dass das, was positiv gedacht wird, auch eintreffen wird. Das gilt für die Abwehr von Krankheiten genauso wie für die Abwehr von Armut. Positiv gedacht: mehr Gesundheit, mehr Reichtum. Methoden des Positiven Denkens – wir haben es hier mit einer Form der Selbstsuggestion (↗ *Suggestion*) zu tun – können auch als „Programmierung des Unterbewussten" verstanden werden. Oftmals wird das Ganze religiös überhöht (↗ *mental*). – Inzwischen gibt es in der Lebenshilfeliteratur viele Anleitungen zum „glücklich werden" und zum „erfolgreichen Leben". Wichtige Inspiratoren der Szene sind JOSEPH MURPHY und seine heutigen Schüler. – Kritisch ist anzumerken: Nicht alles ist machbar, nicht alles, was gewünscht wird, tritt ein.

Präkognition

Krankheit, Krisen usw. gehören zum menschlichen Leben dazu und sind nicht mit positiven Gedanken auszulöschen. In der Lehre des Positiven Denkens steckt die Tendenz zur Allmächtigkeit des Menschen. Übrigens: Für das Negative ist er alleine verantwortlich. Die Annahme einer Selbstheilung und Selbsterlösung durch den Menschen ist hier stark ausgeprägt. Konsequenz: Alles ist machbar. Wer es nicht schafft, ist selber schuld.

Präkognition (lat. prae: voraus und cognitio: Erkenntnis): Ahnung oder Wissen um zukünftige Ereignisse, die in der gegenwärtigen Situation weder erwartet noch aus irgendwelchen Gründen/Anzeichen erschlossen werden können (↗ *Hellsehen*, ↗ *ASW*). Präkognition zählt zu den außersinnlichen Wahrnehmungen (ASW). Es wird also etwas vorhergesagt, was erst in Zukunft geschieht. Das ist aber keine Prophetie. ↗ *Propheten* waren keine Zukunftsschauer, sondern haben auf Missstände aufmerksam gemacht und auf die Konsequenzen. Ihnen ging es immer um das Verhältnis der Menschen zu Gott und um das Verhältnis zu den Mitmenschen und zur Schöpfung. Die Präkognition ist ein „Untersuchungsgegenstand" der ↗ *Parapsychologie*.

Prophet: Im allgemeinen Sprachgebrauch wird als Prophet ein Mensch bezeichnet, der die Zukunft voraussagen kann. – Innerhalb der Religionen wird mit Prophet eine Person bezeichnet, die mit göttlicher Beauftragung eine Botschaft verkündet. Diese Botschaft kann in einem Traum, einer Vision oder im Hören als Gottes Wort über-

Die Botschaft der Propheten:
Die Verhältnisse müssen sich ändern!

mittelt worden sein (↗ *Offenbarung*). Als Boten Gottes traten die biblischen Propheten, besonders des Ersten Testamentes, vor allem in geschichtlichen Krisenzeiten auf. In Situationen, in denen das Volk sich von Gott abgewandt hatte, predigten sie Umkehr, in Situationen der Hoffnungslosigkeit und Resignation das kommende Heil Gottes. Biblische Prophetie hat also nichts mit Wahrsagerei zu tun. – Schon die Bibel kennt die Unterscheidung von echten und falschen Propheten. In heutiger Zeit treten immer wieder Personen mit dem Anspruch eines Propheten auf. Oftmals kündigen sie nahe Katastrophen oder gar das baldige Ende der Welt an (↗ *Apokalypse, Endzeit*). Aus kirchlicher Sicht werden Endzeitprophezeiungen oder Wahrsagerei als menschliche Machwerke abgelehnt, weil sie trügerische Sicherheit bieten oder Menschen mit Drohbotschaften manipulieren wollen.

Psi heißt der vorletzte Buchstabe des griechischen Alphabets. Mit diesem Buchstaben bezeichnet man die vermuteten unbekannten Kräfte des Menschen. Beispiel: Da kann einer Zukünftiges erkennen oder in der Umgebung eines bestimmten Menschen scheint es zu spuken, Bilder an der Wand bewegen sich, Türen schließen sich von selbst, Gegenstände und Möbel verrücken sich. – Es geht also, wenn wir von „Psi" oder „Psi-Phänomen" sprechen, um paranormale Wirkungen, die nicht physikalischer Natur sind, die aber etwas mit einem konkreten Menschen zu tun haben (↗ *ASW*, ↗ *Telepathie*, ↗ *Hellsehen*, ↗ *Präkognition*, ↗ *Psychokinese*.) Psi-Phänomene werden von der ↗ *Parapsychologie* untersucht.

Psychokinese (griech. psyche: Seele; kinetikos: Bewegung): Mit Hilfe des Geistes oder seelischer Kräfte (der Psyche) soll es möglich sein, auf Materie Einfluss auszuüben. So behaupten immer wieder einmal Personen, sie könnten Gegenstände aufgrund der geistigen Anstrengungen bewegen oder deformieren. Das bekannteste Beispiel wird mit URI GELLER verbunden. Er wollte – vor einem Millionenpublikum während einer Fernsehshow – Metallgegenstände, Löffel und Gabeln bei den Fernsehzuschauern zu Hause verbiegen. Und das alles durch seine Psi-Fähigkeit (↗ *Psi*). Viele Fernsehzuschauerinnen und -zuschauer werden umgehend die Besteckschublade im Küchenschrank durchsucht haben. Tatsächlich! Da war ein krummer Löffel oder eine verbogene Gabel. Also: „Der kann es!" Oder lag das verbogene Besteck schon lange in der Schublade, nur keiner hatte sich dafür interessiert? Die Wahrnehmung war erst aktiviert durch URI GELLERS Behauptung. – Die ↗ *Parapsychologie* untersucht diese und andere paranormalen Phänomene. (↗ *Medium*, ↗ *paranormal*)

Psychokult: Es gibt viele Versuche, problematische religiöse Bewegungen mit Sammelbegriffen zu benennen (↗ *Sekte*, ↗ *Jugendsekte*). So ist der Begriff Psychokult/Psychogruppe in den letzten Jahren immer häufiger benutzt worden. Dies deshalb, weil in manchen neueren Organisationen kaum Religiöses vorkommt (beispielsweise der ↗ *Glaube* an Gott), sondern eher mit (oft menschenunwürdigen) psychologischen Methoden gearbeitet wird. – In extremen Fällen gibt es hier Freiheitsentzug, Schlafentzug, Außenkontakte sollen abgebrochen werden, unfachlich werden therapeutische Verfahren eingesetzt (↗ *Therapie*). Personen, die das erlebt hatten, berichten von „Gehirnwäsche". Abhängigkeit wird erzeugt und dadurch Macht ausgeübt (↗ *Suggestion*). – Aber Vorsicht: Diese Beschreibung gilt nicht für jede psychologisch und therapeutisch ausgerichtete Gruppe. Nicht alle psychologisch und therapeutisch arbeitenden Gruppen und Organisationen sind deshalb schon als (gefährliche) Psychogruppe zu bezeichnen.

Radiästhesie heißt die Lehre von den Erd- und kosmischen Strahlungen; mit Hilfe von ↗ *Wünschelrute* und ↗ *Pendel* sollen diese angenommenen

Fortsetzung auf Seite 74

Der Mensch ist zum Glück nicht programmierbar

Bei einer Umfrage in einer Schulklasse zu der Frage: „Was ist das Wichtigste im Leben?" wurde am höchsten bewertet: ein glückliches Leben, gute Freunde, Gesundheit, eine Arbeitsstelle, Erfolg und Freiheit. Und wer will das nicht: glücklich sein, Erfolg haben in Schule und Beruf, Anerkennung und Achtung finden? Wer will nicht von anderen umschwärmt und geliebt sein, genügend Geld zur Verfügung haben und sich endlich das leisten können, wovon man schon lange träumt? Aber wie schwierig ist es manchmal, das tägliche Glück zu bewahren, einigermaßen zufrieden durch den Tag zu kommen und die Klassenarbeit nicht ganz zu verhauen. Stress mit den Eltern, mit der Schule, mit dem Freund oder der Freundin bestimmen öfter als gewollt den Alltag. Und dann fehlt auch noch das nötige Geld für die neueste CD. Manchmal fühlt man sich ganz schön eingeschränkt in seinen Möglichkeiten und blockiert in seinem Elan. Wenn es doch gelingen könnte, das Glück und den Erfolg dauerhaft an sich zu binden!
Als Claudia wieder einmal durchhing, wurde sie auf der Straße angesprochen und zu einem Persönlichkeitstest eingeladen. Auf dem Flugblatt stand: „Wir nutzen nur 10 % unseres geistigen Potenzials!" und weiter: „Entdecken Sie, was in Ihnen steckt!" Der junge Mann, der die Flugblätter verteilte, spürte Claudias Interesse und erklärte: „Dir stehen alle Möglichkeiten offen, wenn du nur dein Potenzial ausschöpfen würdest. Es gibt den Weg zum Glücklich-Sein, du kannst gesund, stark und erfolgreich sein, du kannst zur Elite gehören. Mach dich auf den Weg – am besten heute noch – und betritt die Brücke zur vollkommenen Freiheit!" Claudias Blick richtete sich noch einmal auf das Flugblatt und sie las als Herausgeber: „Dianetik-Institut". „Ist das nicht Scientology?", wollte Claudia wissen. „Dianetik ist der Titel eines Buches von Ron Hubbard, dem Gründer von Scientology", war die Antwort, „es handelt von der Wissenschaft der geistigen Gesundheit."

„Was ist der Weg von Scientology? Und was ist das Ziel dieser Gruppe?", fragte Claudia nach. Der junge Mann erklärte, dass Ron Hubbard und Scientology den Menschen voll und ganz erklären könnten, dass sie nun sicher wüssten, wie der menschliche Verstand funktioniere. Wer sich zu Kursen von Scientology begibt, der wird lernen, ein glückliches Leben in vollkommener Freiheit zu führen. Zu empfehlen sei ein unverbindlicher und kostenloser Persönlichkeitstest.

Claudia hat die Einladung zum Persönlichkeitstest abgelehnt und sich über die Scientology-Organisation erkundigt. Dabei hat sie erfahren, dass es gute Gründe gibt, das Menschenbild und die Praxis dieser Organisation abzulehnen. Sie hat entschieden, sich nicht wie einen Computer programmieren zu lassen, sie teilt die Überzeugung, dass der Mensch zum Glück nicht programmierbar ist. Wer wie Scientology behauptet, den Menschen voll und ganz erklären zu können, und wer davon überzeugt ist, den Menschen als einzige Organisation die absolute Freiheit und das Glück vermitteln zu können, der vertritt auch die Überzeugung, den Menschen voll und ganz beherrschen zu können.

Enttäuschungen, Fehler, Leid gehören zum menschlichen Leben dazu. Natürlich sehnt sich kein Mensch danach, auch Claudia nicht. Aber wer gelernt hat, Rückschläge zu verkraften, Fehler bei sich und anderen zu akzeptieren, der fällt nicht so schnell um, wenn es einmal ernst wird.

Nicht nur Scientology propagiert die Machbarkeit des Glücks. Besonders auf dem weit verzweigten Psychomarkt sind ähnliche Angebote zu finden. Oft wird die Sehnsucht nach Glück, Liebe und Erfolg ausgenützt. Persönlichkeitsbildung ist in Ordnung, aber nicht unter allen Bedingungen und Umständen. Die Frage nach Risiken und Nebenwirkungen ist nicht nur erlaubt, sondern notwendig.

Infos: *Bewusstseinserweiterung, Psychokult, Sekte, Therapie*

Rebirthing

Strahlen in ihrem Verlauf feststellbar sein. Gegen die schädlichen Wirkungen dieser Strahlungen können nach deren Aufspürung Gegenmaßnahmen ergriffen werden. Dafür werden Instrumente auf dem ↗ *Esoterik-* und Okkultmarkt angeboten.

Rebirthing wird eine Therapieform genannt, bei der durch unterschiedliche Techniken das Erlebnis der Geburt wiederholt werden soll. Es wird eine Atemtechnik benutzt, die zu hypnotischen Zuständen führt (↗ *Hypnose*). In diesem „schlafenden Zustand" sollen Erinnerungen bis zum Geburtsvorgang möglich werden, die dann bearbeitet werden können. Damit sollen innere/psychische Störungen behoben werden. – Es gibt Anhänger dieser ↗ *Therapie*, die davon überzeugt sind, damit sogar vorgeburtliche Erfahrungen behandeln zu können. Hier wird dann auch die Verbindung zum Glauben an die Wiedergeburt (↗ *Reinkarnation*) gesehen: Anhänger des Rebirthing nehmen häufig an, sogar bis in ein früheres Leben gelangen zu können. (↗ *Reinkarnationstherapie*)

Reiki: Diese japanische Heilslehre versteht sich als (und heißt) „Universale Lebensenergie". Häufig wird sie als Therapie eingesetzt und soll dem Wohlbefinden und einem höheren Bewusstsein dienen. Diese Heilslehre und deren Praxis kann in (gestuften) Seminaren erworben werden. Hier gibt es verschiedene Grade. Zur Einführung/Initiation gehört auch das Öffnen der Chakren (↗ *Chakra*). So wird angenommen, dass die heilende Energie durch die Hände der so vorbereiteten und eingeweihten Person fließt. Der Körper des Heilers (Meisters) ist also ein Kanal für Lebensenergien. – Reiki soll laut ihrer Anhänger auf einen christlichen Mönch Miko Usui zurückgehen, der am Ende des 19. Jahrhunderts (so genau ist das nicht bekannt) gelebt hat.

Reinkarnation ist die Lehre, nach der der Mensch nicht nur einmal auf dieser Erde lebt. Vielmehr hat er mehrere Leben zu durchleben und zu durchleiden, um von Mal zu Mal in einen höheren Bewusstseinszustand zu gelangen. Ursprünglich kommt diese Lehre aus der ostasiatischen Philosophie, in der die Reinkarnation als etwas Bedrohliches angesehen wird, weil der Mensch immer noch nicht vollkommen ist, um sein Endstadium im ↗ *Nirwana* zu erreichen. (↗ *Inkarnation*, ↗ *Karma*, ↗ Hinduismus, ↗ Buddhismus)

Reinkarnationstherapie: Nach dem karmischen Gesetz (↗ *Karma*) sind alle Schwierigkeiten im Leben auf unbewältigte Situationen in einem vorhergehenden Leben zurückzuführen. Die Aufgabe des Therapeuten besteht nun darin, diese Schlüsselsituationen in den vorhergehenden Leben zu finden, damit sie bewältigt werden können. In einem tranceähnlichen Zustand werden die Patienten – nach dieser Vorstellung – in ein vorhergehendes Leben geführt, um die Schwierigkeiten zu entdecken. Erst dann können alle heutigen Probleme (hierzu gehören auch Krankheiten) gelöst werden. (↗ *Reinkarnation*, ↗ *Rebirthing*)

Fortsetzung auf Seite 78

Christentum

Das Christentum prägt nach wie vor wesentlich das religiöse Leben in Europa, auch wenn in den vergangenen Jahrzehnten viele Menschen die christlichen Kirchen verlassen haben.

Das Christentum zählt zu den großen Weltreligionen. Am Anfang und im Mittelpunkt des christlichen Glaubens steht das Bekenntnis zu Jesus Christus. Für das Christentum grundlegend ist der Glaube, dass in Jesus von Nazaret Gott Mensch geworden ist, dass er durch sein Leiden und seinen Tod am Kreuz die Welt erlöst und den Tod besiegt hat. Gott hat Jesus nicht im Tod gelassen, sondern ihn am dritten Tage wieder auferweckt. Darauf gründet sich der Glaube der Christen an die Auferstehung aller Toten und an das ewige Leben im Reich Gottes. Die Christen fühlen sich durch Christus zu einer Gemeinschaft, der Kirche, berufen und durch das Wirken des Heiligen Geistes begleitet. Das Christentum verkündet den Einen Gott als dreifaltigen, als den Einen Gott in drei Personen: als Vater, Sohn und Heiliger Geist. Darin unterscheidet es sich vom Judentum und Islam.

Die Wurzeln des Christentums liegen im Judentum; Jesus selbst war Jude und hat nach der Heiligen Schrift Israels gelebt.

Die Heilige Schrift der Christen besteht aus dem Alten (oder Ersten) Testament, der Hebräischen Bibel, und dem Neuen Testament, das in den vier Evangelien, in der Apostelgeschichte und in den Briefen des Apostels Paulus Zeugnis von Jesus Christus gibt. Zum Christentum gehören alle, die auf den Namen des dreieinen Gottes getauft sind.

Innerhalb des Christentums ist es immer wieder zu Spaltungen und dadurch zur Entstehung unterschiedlicher Kirchen und kirchlicher Gemeinschaften gekommen. Die in Europa bedeutsame Kirchenspaltung in die evangelische und katholische Kirche geht auf die Reformationszeit zurück.

Infos: *Bibel, Gebet, Gott, Offenbarung*

Wenn Jesus und Mozart wiedergeboren sind

Bei Arabella Kiesbauer auf ProSieben treten häufig verrückte Typen auf. Und entsprechend verrückt sind auch die Themen: Was mache ich gegen Pickel? Mein Freund hat Mundgeruch. Oder: Ich liebe drei Frauen gleichzeitig. Ab und zu geht es auch um Religion. Da ist eine Geistheilerin zu Gast. Und vor Jahren ging es um die Wiedergeburt: „Ich habe schon mal gelebt." In dieser Sendung trat auch Ronny auf. Er ist davon überzeugt, dass er in einem früheren Leben Mozart gewesen sei. Mit von der Partie war auch ein junger Mann, der in einem anderen Leben als Magier Merlin existiert haben soll und – man staune – darüber hinaus ein ägyptischer Pharao gewesen sein will. Und weitere große Persönlichkeiten traten da vor die Kamera, zumindest waren sie allesamt in einem früheren Leben große Persönlichkeiten. Gemeinsam ist bei allen die Überzeugung: Wir haben schon mal gelebt!
Hier geht es also um die Wiedergeburtslehre, auch Reinkarnationslehre genannt (frei übersetzt „zurück ins Fleisch"). In vielen neuen religiösen Bewegungen und Lehren spielt die Reinkarnationslehre eine wesentliche Rolle. Zunächst ist wichtig zu wissen, dass im Hinduismus und Buddhismus die Reinkarnation fest angenommen wird. Übrigens im Gegensatz zum Judentum, Christentum und zum Islam, wo von der Einmaligkeit des irdischen Lebens ausgegangen wird.
Nun ist die alte östliche Reinkarnationsvorstellung (beispielsweise im Buddhismus) nicht gleichzusetzen mit dem, was da bei Arabella auf ProSieben präsentiert wurde oder was in manchen neuen religiösen Bewegungen und esoterischen Lehren behauptet wird. Der Unterschied ist folgender: Im Buddhismus ist die Reinkarnationsvorstellung eine leidensvolle Vorstellung. Es gibt dort den Vergleich, der Mensch sei auf einem Lebensrad gefesselt. Das Rad dreht sich und dreht sich und dreht sich ... vom Leben in den Tod, Leben und Tod, Leben und Tod ... Und das immer

und immer wieder. Erst wenn die fehlerhaften Lebenstaten durch hohe Meditation und durch Absage von allen irdischen Begierden beseitigt worden seien, erst dann ist das Eingehen ins Nirwana möglich. Das Leiden hat ein Ende.

Demgegenüber steht die neuere, westlich geprägte Variante: Hier ist die Reinkarnation etwas Leichtes, der Ausgleich für Nichterlebtes oder Erhaltenes in einem früheren Leben. Es geht immer so weiter (Fortschrittsglaube). Leid ist selbst verschuldet in einem früheren Leben bzw. wie auch bei Arabella auf ProSieben zu erfahren war: Leid muss sein, eine notwendige Erfahrung! Wer Leid noch nicht kennt, der oder die muss noch einmal ein weiteres Leben durchleben, dann eben leidvoll... So einfach ist das.

Die Reinkarnationslehre ist Bestandteil dessen, was in heutigen esoterischen Bewegungen geglaubt wird, wie bei den Theosophen und den Anthroposophen. Diese Lehren beziehen sich auf östliche Philosophien und Theologien (vor allem auf den Hinduismus). Die Anthroposophie ist Anfang des vorigen Jahrhunderts entstanden. Ihr Gründer, Rudolf Steiner, hatte zunächst eine Leitungsfunktion bei den Theosophen. Dann aber verließ er diese Bewegung – auch wegen der Reinkarnation: Ihm gefiel es nicht, dass behauptet wurde, in dem Hindujungen Krishnamurti sei eine Reinkarnation Christi erfolgt. Was zu viel ist, ist zu viel! So kam es zu der neuen Bewegung, wobei in der Anthroposophie die Reinkarnationsvorstellungen weiter aktuell waren und sind.

Aber vielleicht interessiert das alles gar nicht. Viel wichtiger ist ja wohl die Frage, was einer selbst annimmt. Vielleicht kann hier auch von „Glauben" gesprochen werden. Ist mit dem Tod alles aus? Geht es von einem Leben ins andere? Ist das Leben einmalig und am Ende steht das Hineingehen in ein ewiges Sein (bei Gott)? Da kann es spannend sein, darüber nachzudenken und zu sprechen.

Infos: *Anthroposophie, Inkarnation, Jenseits, Karma, Reinkarnationstherapie, Tantrismus, Theosophie*

Religion: Die Herkunft des Wortes Religion ist nicht entschieden (von lat.: relegere = sich oft hinwenden; religari = sich zurückbinden). Religion wird als „sich festmachen an etwas Größerem" oder auch als „Umgang mit dem Heiligen" verstanden. So ist die Suche und das Fragen nach ↗ *Gott* als religiöse Handlung zu verstehen. Dabei ist es unwichtig, welche konkrete Gottesvorstellung zum Inhalt gemacht wird. Im Christentum geht es beispielsweise um einen personalen Gott (Gott als Vater, als Sohn und als Heiliger Geist, diese sog. „Dreifaltigkeit" Gottes ist aber als Ganzes zu verstehen). In anderen Religionen und religiösen Traditionen geht es eher um ein göttliches Prinzip: Das Göttliche wird nicht als Person gedacht und verehrt, so zum Beispiel im Buddhismus, oder es wird von verschiedenen Gottheiten ausgegangen wie im Hinduismus. Gott als Prinzip ist übrigens auch die Vorstellung vieler heutiger religiöser Lehren. – Gleich welches Gottesbild also gepflegt wird (↗ *Glaube*), Religion ist immer als das Bemühen um Erkenntnis des Höheren/Göttlichen und um Beziehung mit dem Höheren/Göttlichen zu verstehen. Dies geschieht in den alten Stammes- und großen Naturreligionen ebenso wie in den großen Weltreligionen, also bei den Juden, Christen, Muslimen (↗ *Offenbarung*), Buddhisten und Hindus. Hinzu kommt die Bedeutung „religiös" (↗ *Religiosität*), womit die Praxis auch außerhalb der großen Weltreligionen gemeint sein kann, also die Suche der Menschen nach Halt, Heilung und Heiligung (↗ *Spiritualität*). In diesem Sinne kann auch von (neuen) religiösen Bewegungen gesprochen werden – aber es sind eben keine neuen Religionen.

Religiosität: Wenn noch einigermaßen klar gesagt werden kann, was Religion ist (↗ *Religion*), so ist dies beim Begriff der Religiosität viel schwieriger, weil wesentlich komplexer. Religiosität lebt in den (alten) Religionen, so in den christlichen Kirchen. Als Religiosität können wir alles das bezeichnen, was ein Mensch an Ausdrucksweisen entwickelt, die erahnen lassen, dass es vieles gibt, eben nicht nur menschlich-weltliche Erfahrungen und Tatsachen. Nicht nur der weltlich erfahrene Bereich, sondern die ↗ *Transzendenz* (das, was außerhalb von unseren direkten menschlichen Erfahrungen „angesiedelt" ist) wird von vielen Menschen gesucht. Dies wird dann Gott, Erfüllung, Sinn, kosmische Einheit genannt. In der Religiosität steigt der Mensch über sich hinaus (↗ *Spiritualität*). Das geschieht in verschiedenen Handlungen (Suchbewegungen) und Ausdrucksweisen (wie Tanz, Sprache, Symbole, ↗ *Meditation*). Eine besonders intensive Weise dieser Transzendenzsuche nennen wir ↗ *Mystik*. In allen großen Religionen gibt es große Mystiker und mystische Wege. Religiosität drückt sich heute auch sehr profan (von lat.: pro fanum = vor dem heiligen Bereich) aus. Dies können wir beispielsweise in der Werbung, in der Kunst und in neueren Filmen wiederfinden. Hier ist Wachsamkeit angesagt, denn oft wird das menschliche Bedürfnis nach Religiosität ausgenutzt und vermarktet.

Fortsetzung auf Seite 84

Zigarettenraucher meditieren mehr

Auf einem riesigen Plakat ist eine meditierende Frau zu sehen. Sie ist tief in sich versunken. Große Ruhe geht von dem Bild aus. Unten rechts der Hinweis auf eine „leichte Zigarettenmarke". Darunter der bekannte Satz „Rauchen gefährdet Ihre Gesundheit", als Warnhinweis des Gesundheitsministers. – Eine andere Zigarettenwerbung wirbt ebenfalls mit einer Meditierenden, die abhebt, irgendwie schwebt. Dazu der Satz: „Offen für 'ne leichte Übung." – Ein Tabakanbieter verspricht „Erleuchtung". – Und da ist die Zigarettenwerbung mit buddhistischen Mönchen. Auf einem Plakat ist die Einladung zu lesen: „Komm, meditier mit mir." Zigarettenraucher meditieren mehr. Das kann doch wohl nicht sein. Allerdings kann der Eindruck entstehen, Zigarettenrauchen hätte etwas mit bewusstem, ausgeglichenem und gesundem Leben zu tun. Und Rauchen hätte etwas mit Religion zu tun. Aber was?
Es fällt auf: Die Botschaft ist eine religiöse, das Produkt hat allerdings gar nichts mit Religion zu tun. Religion in der Werbung ist in den letzten Jahren eine beliebte Variante. Da treten Religionsvertreter auf: Ordensleute werben für Bier. Eine Ordensschwester raucht genüsslich. Engel sind ein beliebtes Motiv auf Plakatflächen. Griechische Mythologien von Unterwelt und Götterwelt werden gekoppelt (wiederum) mit einer Zigarettenmarke. Auf einem Altar steht ein Computer. Alte Kultstätten, magische Orte werden in Verbindung gebracht mit einem wenig magischen Artikel. Wasser und Erde, Feuer und Wind, also Urelemente, werben für Zahnpasta und Kühlschränke ... und eben Meditation, Selbstfindung und Sinnfindung als Botschaften, die zum Kaufen auffordern. Wir bekommen dies oder jenes im Doppelpack: Kühlschrank plus Sinn, Zahnpasta plus Bewusstseinserweiterung, Zigaretten plus Spiritualität, griechischer Wein plus Göttlichkeit, Mineralwasser plus Leben ...

Wer sich für den neuen religiösen Markt interessiert, für unterschiedliche Gläubigkeiten, Lehren und spirituelle Vorlieben, der findet in der Werbung viele Hinweise. Das gilt nicht allein für die Großflächenwerbung der Städtereklame. In vielen Illustrierten sind ganzseitige „sehr religiöse" Anzeigen zu finden, wobei das Produkt, für das geworben wird, nichts mit Religion zu tun hat. Religion, verdeckt oder pur, kommt auch in Videoclips, Texten bekannter Gruppen, in der Techno- und Hip-Hop-Szene oder ganz banal im Werbefernsehen vor. Was passiert da?

Deutlich kann festgestellt werden: Die Sprache und Symbolik der Werbung haben keinen Bezug zum beworbenen Produkt. Werbung ist also keine direkte Produktinformation. Hier erfahre ich nichts über den Gebrauch und die Qualität. Vielmehr geht es um die Werte, Einstellungen und Neigungen der möglichen Kunden und Kundinnen. Gefühle und Bedürfnisse werden mit dem Produkt verbunden.

Offen oder verdeckt wird versprochen: Wenn du dies oder jenes besitzt, dann besitzt du auch das Leben, die Zukunft, neue Kraft und Energie. Dann kannst du leben und überleben, dann hast du Anteil am großen Sinn, an dem, was die Welt trägt, du kommst weiter, du transformierst dich „Stück für Stück" in die Göttlichkeit hinein. Das alles ist nicht allen möglich und zugedacht. Aber du, der du bereit bist (dies oder jenes zu besitzen), dir wird das gegeben sein.

Und nun die Frage, wie Menschen auf diese verdeckten oder offenen Botschaften reagieren. Sind die Arrangements (Botschaft plus Produkt) so vielversprechend, sodass für bestimmte Käufergruppen ein „Muss" entsteht? Wie spricht diese (religiöse) Werbung das Bewusstsein und Unterbewusstsein an? Zumal hier häufig mit Ursymbolen gearbeitet wird, die schon in frühen Kulturen eine wichtige Aussagekraft hatten und auch heute Menschen in ihren tiefen Bewusstseinsschichen ansprechen. Zu vermuten ist, dass die Werbepsychologie genau weiß, was sie

West
Test it.
West
„KOMM, MEDITIER MIT MIR."
Wünsch Dir was.
SAMSON
COME TOGETHER
'91
JETZT
BEWERBEN
040/688 688
Peter Stuyvesant
Offen für leichte Übung.
HB
Lights
West
Test it.
Da strahlt die Gemeinde.
West
19 Stück fünf Mark.
TEST IT.

tut. Der große finanzielle Aufwand wird sich lohnen. Denn sonst wäre die religiös aufgeladene Produktwerbung nicht so häufig anzutreffen.
Infos: *Mystik, Religion, Spiritualität*

Zum Bild auf Seite 83:
"Suchen Sie keinen Sinn. Sondern Geschmack!" – Dieser Werbeslogan einer Zigarettenmarke bringt das Lebensgefühl einer Generation von Genießern auf den Punkt. Es kommt nicht darauf an, die Welt zu verstehen, sondern zu genießen. Ist die „neue Unübersichtlichkeit" für Sinnsucher verwirrend, vielleicht sogar beängstigend, wird sie für Lebenskünstler zum verlockenden Spielplatz.
"Suchen Sie keinen Sinn. Sondern Geschmack!" – In seiner Direktheit und Offenheit ist dieser Werbespruch entlarvend für eine Gesellschaft, die im Genießen ihren Lebensinhalt sieht. Nicht auf den Sinn, auf den Geschmack kommt es an, nicht auf das Leben, sondern auf den Lebensstil, nicht mehr auf den Inhalt, sondern auf das Ambiente. Genussvolles statt sinnvolles Leben! Nicht nur Kleidung, Essen und die Einrichtung der Wohnung werden zur Frage des Geschmacks, sondern ebenso Geschäft und Beruf, Religiosität und Politik, Sexualität und Partnerschaft. Alles Geschmackssache! Sünde lässt sich in einer solchen Lebenseinstellung mit der Maxime des Bhagwan-Guru zutreffend definieren: „Das Leben nicht zu genießen, ist Sünde."
Eine andere Zigarettenfirma legt in der Werbung nach und präsentiert das ethische Gebot dieser Lebenssicht: „Tu, was dir schmeckt!" Erlaubt ist, was schmeckt. Da sich bekanntlich über den Geschmack nicht streiten lässt, werden die Normen für das Handeln nicht nur zur Privat-, sondern zur Geschmackssache. Der persönliche Geschmack tritt an die Stelle des Gewissens und wird zum Maß aller Dinge und Entscheidungen. Hauptsache, es schmeckt.

Zigarettenraucher meditieren mehr

Wahrnehmung sozialer Verantwortung, Solidarität mit den Armen nah und fern, kurz: Caritas und Nächstenliebe haben in der Welt der Geschmacksethik keinen Platz.
Dass die Tabakindustrie diese Werbung verbreitet, liegt in ihrer eigenen Logik begründet. Ihr Anliegen ist es, möglichst viele Menschen Geschmack an ihren Erzeugnissen finden zu lassen – Geschmack, der mehr und mehr will und zu einem Hunger wird, der keine Befriedigung mehr findet. Sucht ist die Bezeichnung für diesen Zustand.
Aktuell bleibt die Anfrage des Propheten Jesaja: „Warum bezahlt ihr mit Geld, was euch nicht nährt, und mit dem Lohn eurer Mühe, was euch nicht satt macht?" (Jes 55,2)

Die frohe Botschaft: Hauptsache, es schmeckt!

Rosenkreuzer: Mit diesem Namen werden verschiedene Gruppen bezeichnet, die auf esoterisches (↗ *Esoterik*) bzw. gnostisches (↗ *Gnosis*) Wissen zurückgreifen. Erstmals taucht die Bezeichnung Rosenkreuzer im 17. Jahrhundert auf. Zu den bekanntesten Gruppen zählen heute die „Internationale Rosenkreuzer-Gemeinschaft" und die „Internationale Schule des Rosenkreuzes/Lectorium Rosicrucianum". In Schulungen wird den Mitgliedern das Wissen des Weges eröffnet, der zur Befreiung von der Bindung an das Irdische und zur Vereinigung mit dem Göttlichen führen soll. Rosenkreuzer glauben an die ↗ *Reinkarnation*, denn der Weg zur vollen Erkenntnis und Erlösung kann nicht in einem Menschenleben zurückgelegt werden. – Die Kirchen sehen in der Lehre der Rosenkreuzer eine Vermischung (↗ *Synkretismus*) unterschiedlicher Religionen und Weltanschauungen.

Runen (althochdeutsch runa: Geheimnis): Auf kleinen Steinen sind Zeichen aufgemalt, die bestimmte Bedeutungen haben. Diese Steine werden geworfen, und nach Lage und Sichtbarkeit der einzelnen Zeichen können Aussagen über die Zukunft gemacht werden. Dies ist eine Orakelpraktik (↗ *Orakel*), wie beispielsweise auch das ↗ *I Ging* vermehrt in unseren westlichen Ländern Verwendung findet.

Rute (↗ *Wünschelrute*)

Satanismus ist die Bezeichnung für jegliche Verehrung und Verherrlichung des Satans (als das widergöttliche Prinzip). Oft wird dies verknüpft mit Praktiken der Schwarzen Magie. Bei den sog. Schwarzen Messen wird mit

Okkulter Modeschmuck wird gerne getragen.

obszönen Riten und blutrünstigen Perversionen die christliche Messfeier verunglimpft und dabei der ↗ *Teufel*/Satan verehrt. (↗ *Schwarze Magie*, ↗ *Okkultismus*). – Viele satanistische Praktiken gehen zurück auf ALEISTER CROWLEY (1875–1947). Er verstand sich als großer Magier und als Inkarnation des Tieres in der Offenbarung der Bibel (Offb 11,7) (↗ *Apokalypse*). Folglich nannte er sich „The Great Beast 666". Einige sog. Satansorden (z. B.

Die ursprünglichen Runen dienen häufig als Vorlage für Geheimschriften.

Hinweis auf Jugendprotest? Oder doch Äußerung von Satanisten?

der Thelema-Orden oder der Ordo Saturni) wurden von Crowley gegründet oder beziehen sich auf ihn. – Als Variante der heutigen Jugendkultur ist der sog. „Protestsatanismus" anzusehen: Hier ist der Satanismus als deutliches Abrücken von gesellschaftlichen Normen zu verstehen. Dies wird u. a. in der Musikszene deutlich: In vielen Texten wird zur Perversität, zur Ablehnung des Guten und zur Zerstörung aufgerufen. Rituale und Symbole unterstreichen die Vernichtungslust. – Die Frage stellt sich hier: Geht es u. a. um die Gesellschaft der Erwachsenen, um die Gesellschaft der etablierten Bevölkerung, die abgelehnt wird? Protest! „So wollen wir nicht leben! Geht zum Satan mit eurem Wohlstand, eurer Heuchelei, euren Normen und eurem Glauben!"

Schamanismus: In verschiedenen Religionen und Kulturen finden wir den Schamanismus, eine religiöse Praxis mit magischem Hintergrund (↗ *Magie*). Zentrale Personen im Schamanismus sind die Schamanen. Diese versetzen sich in tranceartige Zustände, um in eine „andere Dimension" vorzustoßen. Schamanen verlieren ihr Tagesbewusstsein und gelangen in einen Erlebniszustand, der als Untergang, schreckliche Katastrophe und persönlicher Tod erfahren wird. In den Träumen und Visionen verbindet sich der Schamane mit den ↗ *Geistern* (oft auch den Geistern von Tieren). Im Durchstehen schlimmer Zustände und der Reise durch die Geisterwelt des Stammes will der Schamane den Angehörigen seines Stammes helfen, besondere Schwierigkeiten (z. B. Krankheiten, Geburt, Missernten) zu bewältigen. Der Schamane hat also eine soziale Aufgabe. – Schamane wird man nicht von selbst: Es sind lange Auseinandersetzungsprozesse, bis jemand begreift, dass er den Weg des Schamanen (mit vielen Widerständen bis zur Aufgabe der eigenen Person) gehen muss. – Vom Schamanismus in den alten Stammeskulturen ist der Neo-Schamanismus zu unterscheiden: Im Zuge der „Esoterikwelle" treten neue Schamanen auf, die ihr Wissen in Workshops einem interessierten Publikum im Schnellverfahren übermitteln wollen (↗ *Esoterik*). Das sind eine Art exotischer Selbsterfahrungskurse. Dieser Schamanismus hat wenig mit dem zu tun, was in alten Kulturen vor Jahrtausenden entstand, gelebt wurde und bis heute in einigen Stammeskulturen existiert.

Schreibendes Tischchen: Dieses Hilfsmittel wird auch Planchette genannt. Mit ihm soll es nach der spiritistischen Annahme für ein ↗ *Medium* möglich sein, mit ↗ *Geistern* in Kontakt zu treten. Bei einem kleinen dreibeinigen Tischchen wird das dritte Bein durch

Schreibzwang

einen Stift ersetzt. Auf ein großes Papier gesetzt, legt das Medium seine Hand auf das Tischchen. In einem tranceähnlichen Zustand des Mediums beginnt das Tischchen sich zu bewegen. Mit dem Stift entstehen auf dem Papier mehr oder weniger deutliche Schriftzüge, die dann interpretiert werden müssen. Manche Schreibmedien sind angeblich auch in der Lage, mit zwei Tischchen gleichzeitig zwei unterschiedliche Texte zu erzeugen. (↗ *Automatisches Schreiben*, ↗ *Gläserrücken*, ↗ *Spiritismus*)

Schreibzwang ist eine nicht seltene Steigerung der „spiritistischen Karriere". Unbekannte Mächte, so erfährt das eine Person, die häufig mit Geistern und Verstorbenen den Kontakt suchte (↗ *Spiritismus*), melden sich plötzlich, ohne dass sie gerufen werden, und zwingen Botschaften entgegenzunehmen. Damit ist häufig das Phänomen des Stimmenhörens verbunden. Dies sind bereits deutliche Ich-Störungen, die eine Persönlichkeitsspaltung zur Folge haben. (↗ *Geister*, ↗ *Mediumistische Psychose*)

Schutzgeister: Im ↗ *Spiritismus* gibt es die Vorstellung, dass jeder Mensch in der Geisterwelt einen Schutzgeist (↗ *Geister*) hat, der ihn ab dem Augenblick der Geburt (↗ *Inkarnation*) begleitet. Die Aufgabe des Schutzgeistes besteht darin, den Menschen zu leiten und bei der Bewältigung der Aufgaben zu helfen, damit der Mensch wieder in die Geistwelt kommen kann. Über verschiedene spiritistische Praktiken soll es möglich sein, mit dem Schutzgeist Kontakt dergestalt aufzunehmen, dass

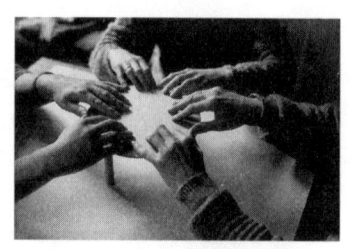

Tischchenrücken: Melden sich die Geister?

es zu einem Energiefluss von dem Schutzgeist zum Menschen kommt (↗ *Spiritismus*). Das Motiv der Schutzgeister gleicht dem Motiv der sog. Schutzengel (↗ *Engel*) als persönliche Begleiter/innen. Es gibt allerdings einen wichtigen Unterschied: (Schutz-)Engel werden in der christlichen Tradition als Boten Gottes verstanden, als Mittler zwischen Gott und Mensch. Schutzgeister dagegen haben nichts mit einem Gottesglauben zu tun. – Ein bekanntes Kirchenlied bringt dies gut zum Ausdruck: DIETRICH BONHOEFFER schrieb den Text im Dezember 1944 kurz vor seinem Tod im Konzentrationslager. „Von guten Mächten wunderbar geborgen, erwarten wir getrost, was kommen mag..." Schutzengel, Engel, gute Mächte – wie auch immer genannt – sind ein Hinweis auf Gott. Christlicher ↗ *Glaube* vertraut sich einem Gott an, der auch in der Katastrophe oder im Tod da ist. So gesehen sind Schutzgeister im Spiritismus etwas anderes, da sie nicht als Boten Gottes oder als Symbol für Gottes Liebe und Sorge verstanden werden.

Schwarze Magie: Nach ihren Wirkmöglichkeiten wird die ↗ *Magie* unterteilt. Die Schwarze Magie beschäftigt sich nur mit bösen, negativen Dingen, die durch magische Handlungen erreicht werden sollen. Es geht also um einen sog. Schadenszauber. So soll einem Menschen Unheil zugefügt werden. Dies erfolgt durch eine gezielte Verwünschung. Bekannt sind kleine Stoffpuppen, die mit Nadeln bestochen werden (bezeichnet als „Voodoopüppchen" ↗ *Voodoozauber*). Die Püppchen stehen für einen Menschen, dem dadurch beispielsweise eine Krankheit geschickt werden soll. (Alles fauler Zauber?) – Im Gegensatz dazu beschäftigt sich die ↗ *Weiße Magie* mit dem für die Menschen Positiven.

Schwarze Messe heißt die kultische Handlung, in der als das oberste Weltprinzip das/der Böse (↗ *Teufel*) verehrt wird. Durch eine Umkehrung des christlichen Glaubens, der christlichen Liturgie will man seine Zugehörigkeit zu dem Bösen deutlich machen. In den Berichten über Schwarze Messen wird häufig von Drogenmissbrauch und sexuellen Handlungen berichtet. (↗ *Satanismus*)

Seele: In unserem Kulturkreis wird die Seele in der Regel als Gegenstück zum Körper verstanden, so als sei der Mensch aus beidem zusammengesetzt. Eine solche Vorstellung ist beispielsweise der Bibel fremd. Hier heißt Seele „lebendiger Mensch" im Gegensatz zum toten Menschen. Wenn Maria im sog. Magnifikat singt: „Meine Seele preist die Größe des Herrn" (zu finden in der Bibel: Lk 1,46), will sie etwa sagen: „Ich lebe, ja durch Gottes Eingreifen lebe ich auf. Darum preise ich ihn, der zum Leben befreit..." – In späteren, nicht-biblischen Texten und Gebeten meint Seele allerdings nur einen Teil des Menschen, nämlich den, der ewig bleibt, während der Körper „zum Staub zurückkehrt" (↗ *Jenseits*, ↗ *Reinkarnation*). Es geht um das Innerste eines Menschen. Davon wird er beseelt. Diese Beseelung macht die Unverwechselbarkeit, also den Persönlichkeit des Menschen aus. – Heute wird mit Seele oft auch die Psyche gemeint. Wir sprechen von seelischen Erkrankungen und meinen psychische Erkrankungen. Hier wird „seelisch" dem Gehirn zugeordnet. – Spannend ist es, die altgermanische Wortbildung zu kennen. Das Wort Seele geht zurück auf See (die zum See Gehörenden). Leben kommt aus dem Wasser. Nach alten germanischen Vorstellungen wohnen die Seelen der Ungeborenen und der Toten im Wasser.

Sekte: Bezeichnung für eine religiöse Gruppierung, die sich von einer bestehenden Kirche oder Religionsgemeinschaft abgespalten hat. Meist haben in der Vergangenheit unterschiedliche Auffassungen in der Glaubenslehre oder Praxis zu Abspaltungen geführt. – Inzwischen wird der Begriff „Sekte" auch auf nicht religiöse Gruppen angewandt, z.B. „Psychosekte", „Politsekte". Wenn heute in der Öffentlichkeit von Sekte gesprochen wird, so meint man zumeist damit eine Gruppierung, die durch Einengung und Bevormundung ihrer Mitglieder sowie durch Abschottung gekennzeichnet ist. Ein solcher Sektenbegriff bezieht sich auf sektiererische Haltung. Dazu gehören: 1. Abhängigkeit von einem Führer, Guru oder Leiter bzw. einer Leitungs-

Spiritismus

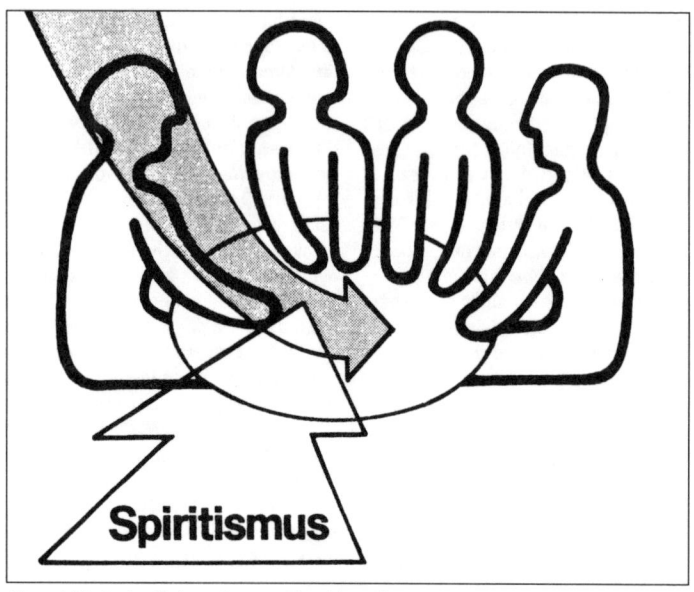

Die spiritistische Sicht geht vom Einwirken der Geister aus.

gruppe. 2. Eine Einteilung der Menschheit in gut und böse: Wer zu der Gruppe gehört, ist gerettet und im Heil, wer draußen ist, gilt als verloren und im Unheil. 3. Abschottung von der Außenwelt: Der Kontakt zu Nichtmitgliedern wird sehr eingeschränkt oder findet gar nicht statt. – Da heute die Bezeichnung „Sekte" ganz unterschiedlich verwandt wird, sollte immer angegeben werden, in welchem Sinne sie benutzt wird. Achtung: Nicht alle neuen religiösen Gruppierungen sind Sekten. (↗ *Jugendsekte*)

Spiritismus (lat. spiritus: Hauch, Geist): Erklärungsansatz von okkulten Vorgängen mit Hilfe einer feinstofflichen Geisterwelt, die auf unser materielles Leben Einfluss nehmen kann (↗ *Geister*). Der Spiritismus kann auch als Lehre einer geistigen Bewegung verstanden werden, die annimmt, dass durch bestimmte Mittelspersonen (↗ *Medium*) eine Verbindung mit den Verstorbenen möglich sei. In Séancen (spiritistischen Sitzungen) erhofft man sich durch mediale Praktiken wie Tischchenrücken eine „Offenbarung aus dem Jenseits" (↗ *Offenbarung*, ↗ *Schreibendes Tischchen*, ↗ *Tonbandstimmen*, ↗ *Jenseits*). – Spiritismus darf nicht mit ↗ *Spiritualität* verwechselt werden.

Fortsetzung auf Seite 92

Rendez-vous mit den Verstorbenen

Ort des Geschehens ist eine alte Villa im Stadtteil Köpenick in Berlin. Wir schreiben das Jahr 1917. Im zweiten Stock lebt Katharina Hohenburg, eine wohlhabende Frau im Alter von 48 Jahren. Ihr Mann, ein Offizier, ist ein Jahr zuvor, also 1916, „gefallen".
Seit Wochen, immer samstagabends, empfängt Katharina Hohenburg Gäste. Es kommen Professor Sindelmann nebst Frau, Helene und Monika Binderstedt, der allein lebende Arzt Dr. Baumann und Herr und Frau Wiesenbrücke, die in der Nähe einen Tabakladen haben. Nach kurzer Begrüßung und einem Gläschen Likör gehen sie fast andächtig in das nur leicht beleuchtete Wohnzimmer. Hier ist der Ort der Begegnung mit den Toten. Durch Katharina Hohenburg wird nämlich das Unmögliche möglich: Die Toten melden sich. Da gibt es kurze Nachrichten: „Ja, es geht uns gut!" oder „Wir lieben euch!" oder „Lebt in Frieden!". Katharina Hohenburg hat für sich entdeckt, dass sie ein Medium ist. Sie kann eine Brücke zu den Verstorbenen bauen. Anfangs lief manchem Gast im herrschaftlich eingerichteten Wohnzimmer der eiskalte Schauer über den Rücken, nun aber kommen eher gute Gefühle auf, wenn sich die Verstorbenen melden. Auch der gefallene Offizier Konstantin Hohenburg gab seiner Frau irgendwann ein Zeichen seiner anhaltenden Liebe.
Die acht trotz Kriegszeiten gut gekleideten Personen nehmen am großen Tisch Platz. Auf dem Tisch liegt ein Kreuz, damit nur gute Geister anwesend sein können. Deshalb befindet sich dort auch ein Engelbild auf einem kleinen Ständer und eine Kerze. Heute hat Katharina Hohenburg ihre Bibel mit auf den Tisch gelegt. Alle geben sich die Hände, es wird still, die Flamme der Kerze flackert leicht. Es ist so weit: Ein Geist ist anwesend, das spüren sie. Katharina stellt eine Frage. Stille, lange nichts. Dann plötzlich bewegt sich der Tisch leicht. Jetzt sind sich alle sicher: Ja, es will ein Jenseitiger mit uns in Kontakt treten ...

Rendez-vous mit den Verstorbenen

Das Szenario beschreibt eine spiritistische Sitzung – auch Séance genannt –, die so ähnlich auch heute noch abläuft. Spiritistische Erfahrungen wurden Jahre zuvor bekannt. Da gab es 1848 im Haus des methodistischen Farmers John D. Fox in Hydesville in Nordamerika Klopfgeräusche. Dahinter müsste sich irgendeine Intelligenz verbergen, wurde vermutet. Schließlich war man sich sicher, dass es sich um einen Geist handele, mit dem Kommunikation betrieben werden kann. Als das alles bekannt wurde, breiteten sich die spiritistischen Erfahrungen aus. „Endlich ist es so weit, wir erfahren von den Toten!" Die Presse berichtete, die Kunde ging wie im Lauffeuer durchs Land, erreichte England, Deutschland, überall traf man sich zu Séancen, wie 69 Jahre später bei Katharina Hohenburg. Heute gibt es das immer noch. Nur moderner ist das Ganze geworden. Benutzt wird beispielsweise das „Schreibende Tischchen", mit dem das Automatische Schreiben praktiziert wird. Heute werden die Stimmen der Toten mit speziellen Radiowellen empfangen. Tonbandgeräte zeichnen sie auf, mit Videorekordern und Fernsehbildern – so wird experimentiert – lassen sich die Silhouetten der Verstorbenen ins Bild bringen.

Experten erklären seit Jahren, wie diese Phänomene erzeugt werden, welche Rolle Bewusstsein und Unterbewusstsein spielen, was so genannte Automatismen bewirken. Alles lässt sich plausibel erklären. Und doch bleibt der Wunsch nach Totenkontakten bestehen – und wird Generation für Generation immer neu geglaubt. Da setzt sich bei Inge, einer 16-jährigen Schülerin, die Erkenntnis durch: „Ist ja fast alles sehr natürlich zu erklären" und der Reiz des Geheimnisvollen nimmt bei ihr ab. Nun aber beginnt ihr zwei Jahre jüngerer Bruder im Jugendzentrum mit Geistersitzungen. Sie tun es mit dem „Schreibenden Tischchen". Und es funktioniert anscheinend. Wirklich oder anscheinend? Das ist die Frage. Haben wir es mit Selbsttäuschungen zu tun, haben wir es etwa mit Glaubensansichten zu tun oder ist das alles Realität? Oder doch nur „fauler Zauber"?

Die Diskussion dazu ist spannend. Und es gibt viele Autoren, die sich darüber Gedanken gemacht haben. So erforscht die Parapsychologie die oben beschriebenen Phänomene und Praktiken. Viele Erkenntnisse deuten darauf hin, dass all diese Totenkontakte und Geistererfahrungen doch „nur" Täuschungen sind bzw. natürlich erklärt und nachgewiesen werden können. Oft steht dahinter die Sehnsucht, einen lieben Verstorbenen noch einmal wiederzutreffen. Oder es ist die große Frage, die beantwortet werden will: Wie geht es mit uns nach dem Tode weiter? Daher sind wir für den respektvollen Umgang mit spiritistisch denkenden und fühlenden Menschen. Denn meistens gibt es gute, nachvollziehbare und zu respektierende Gründe, warum die Toten gerufen werden.

Allerdings gibt es auch Alternativen. Eine wäre: Wir glauben an ein ewiges Leben, also an ein Weiterleben nach dem Tod. Wie und wo und warum, das bleibt uns verschlossen. Es ist also eine „Glaubenssache". Die Bibel berichtet an einigen Stellen davon, so beispielsweise in der Offenbarung: Hier wird darüber gesprochen, dass es so einen Platz bei Gott geben wird (Offb 21, 1–5).

Übrigens: Dass der Spiritismus keine neuere Angelegenheit ist, lässt sich auch in der Bibel nachlesen: Im Alten Testament (im Buch Deuteronomium 18,10 f) wird davor gewarnt, die Toten zu rufen und hier zu experimentieren. Den Verfassern der Schrift (vor mehreren tausend Jahren!) waren wohl schon die Gefahren bekannt, denn es kann tatsächlich zu bedrohlichen Situationen, psychischen Abbrüchen und seelischen Störungen kommen.

Infos: *Automatismus, Automatisches Schreiben, Geister, Gläserrücken, Jenseits, Medium, Okkultismus, paranormal, Pendel, Schreibendes Tischchen, Schreibzwang, Spiritismus, Tonbandstimmen*

Spiritualität

Tolle Stimmung: Internationales Treffen junger Christen.

Spiritualität (lat. spiritus: Hauch, Geist; spirituell: geistlich): Dieser Begriff darf nicht mit ↗ *Spiritismus* verwechselt werden. Unter Spiritualität verstehen wir die religiöse Praxis eines Menschen. Dazu kann die ↗ *Meditation*, das Gebet, die Bibellesung, die persönliche Besinnung und die Mitfeier von Gottesdiensten gehören. Zur Spiritualität der Christen gehört aber auch (neben den „religiösen Übungen") die Umsetzung des Glaubens/der Religion in das konkrete Leben: Einsatz für andere, Sorge und Fürsorge (Diakonie), politische Arbeit wie beispielsweise Einsatz für den Frieden und für den Erhalt der Schöpfung. – Es gibt unterschiedliche Spiritualitäten: Eine Jugendgruppe hat vielleicht ihre eigene Spiritualität entwickelt. Eine Ordensgemeinschaft hat wieder eine andere. Ihr kennt vielleicht Taizé? Die dort in Burgund (Frankreich) lebenden Ordensleute haben eine Spiritualität entwickelt, die Tausende von jungen Menschen jährlich anzieht, die dort für einige Tage oder Wochen leben. Andere Begriffe verwenden das Wort Spiritualität: z. B Spiritueller Markt, Neue Spiritualität, Spiritueller Meister... (↗ *Glaube*, ↗ *Religion*)

Spukerscheinungen ist die Sammelbezeichnung für rational unerklärliche und darum häufig als unheimlich erfahrene Erscheinungen (Gespenst, Klopfgeister, Bewegungen von Gegenständen), die Untersuchungsgegenstände der ↗ *Parapsychologie* sind: ↗ *Apporte*, ↗ *Astralkörper*, ↗ *Geister* und ↗ *Schutzgeister*, ↗ *Jenseits*, ↗ *Materialisation*.

Suggestion (lat. suggero: folgen lassen, eingeben): starke Beeinflussung des Denkens, Fühlens, Wollens und Handelns eines Menschen durch Manipulation oder hypnotische Verfahren. Die Suggestion funktioniert besonders bei willensschwachen, unselbstständigen und leichtgläubigen Menschen. Suggestion ist der Kernpunkt der ↗ *Hypnose*. Warum Suggestion funktioniert, ist bis heute ziemlich unklar.

Synkretismus: Stellen wir uns ein Geschäft vor, in dem die Lehren der verschiedenen großen Religionen in unterschiedlichen Abteilungen zu finden sind. Synkretismus ist, wenn aus den einzelnen Abteilungen „Teilmengen des religiösen Angebotes" zusammengetragen und miteinander vermischt werden, im Sinne „etwas von dem und etwas von dem". Gerade in neuen religiösen Gemeinschaften, Bewegungen und Lehren kann Synkretismus festgestellt werden. (↗ *Sekte*, ↗ *Esoterik*)

Fortsetzung auf Seite 96

Religion auf dem Markt

Große Kaufhäuser ziehen, ähnlich wie in südlichen Ländern Märkte oder Basare, viele Menschen an. Er hat schon etwas, der Slogan: „Tausendfach – alles unter einem Dach". Und es macht Spaß, über einen Markt oder durch ein Kaufhaus zu streifen, hier und da mal stehen zu bleiben, zu gucken und dann weiterzuflanieren. Manchmal kann man auch etwas probieren, ein neues Spiel in der Computerabteilung zum Beispiel oder Käsewürfel bei den Lebensmitteln. Der Gang durchs Kaufhaus, manchmal auch „Kaufparadies" genannt, dient nicht nur dem zielorientierten Einkauf, sondern soll zu einem Erlebnis werden, deshalb werben manche Häuser auch mit der Bezeichnung „Erlebnis-Kaufhaus". Aber auch wenn man nur mal durch ein Kaufhaus geht, lockt hier etwas und da etwas.

Mit der Religion ist es heute ähnlich wie mit den Dingen zum täglichen Gebrauch oder zur Unterhaltung: Sie wird längst nicht nur in Fachgeschäften, Kirchen oder Klöster genannt, angeboten, sondern ebenfalls in den Supermärkten unserer Zeit. So wie sich die unterschiedlichen Jogurts, Duschgels oder CDs in den Regalen befinden, sind auch äußere Teilformen von Religion auf dem Markt im Angebot.

Die religiöse Landschaft hat sich in den letzten Jahrzehnten verändert: Neben den großen christlichen Kirchen, der evangelischen, der katholischen und der orthodoxen, neben den Synagogengemeinden des Judentums und den Moscheen des Islam, haben sich hinduistische Bewegungen und buddhistisch ausgerichtete Gruppen, die zur Zeit besonders im Trend liegen, ausgebreitet. Aber auch zahlreiche neue religiöse Bewegungen und Sekten werben um Mitglieder. Ebenfalls hat sich eine freie religiöse Szene entwickelt: die Esoterik in ihren vielfältigen Erscheinungsformen und mit breit gefächerten Angeboten in Zeitungen, in Inseraten, in Fußgängerzonen, mit Kursen und Büchern.

Veränderungen gibt es auch im religiösen Verhalten der Menschen, besonders bei den jüngeren. Viele übernehmen nicht mehr die religiösen Vorstellungen und Praktiken ihrer Eltern, sondern wählen auf dem Markt der Möglichkeiten aus. So wie ich mir meine Schuhe oder meinen Jogurt unter vielen Angeboten aussuche, halte ich es auch mit der Religion: Ich fahre mit meinem Einkaufswagen am Regal der religiösen Angebote vorbei und lade ein, was mich anspricht und was ich im Augenblick brauche: etwas fernöstliche Meditation, eine Besinnung aus den Naturreligionen, einen Edelstein gegen Krankheit, ein Wochenende bei einem Schamanen und zu Weihnachten eine Christmette bei den Katholiken. Es gibt genügend Sinn im Angebot. Viele Menschen sehen es als einen Vorteil an, Religiöses wählen zu können; sie brauchen sich nicht langfristig zu binden, suchen sich ihre Religion bei Bedarf und mischen aus mehreren Angeboten ihren Mix zusammen. Natürlich ist da auch viel Fastfood-Religiosität darunter, aber man ernährt sich ja auch sonst nicht immer hochwertig ...

Aber es gibt auch Einwände und Bedenken gegen ein solches Verhalten im Umgang mit Sinnfindung und Religiosität. Religion bedeutet ursprünglich Bindung, Verankerung und fordert eine personale Beziehung, die nicht nach Belieben gewechselt werden kann. Alle großen Religionen der Welt lehren, dass ohne eine feste Verankerung der geistige und spirituelle Reichtum der jeweiligen Religion nicht ausgeschöpft werden kann. Es gibt sicherlich auf dem Markt der Religionen und Sinnanbieter zahlreiche Angebote und jede Menge Sonderangebote – einfach, aber nicht immer billig zu haben –, aber viele bleiben an der Oberfläche und sättigen höchstens für den Augenblick.

Kurze Übersicht über die religiöse Landschaft

Die religiöse Landschaft ist bunt und vielfältig geworden. Nachfolgend ein kurzer Überblick, bei dem nur wenige Gemeinschaften genannt werden.

Weltreligionen: Buddhismus, Christentum, Hinduismus, Islam, Judentum
Kirchen: Evangelische Kirche, Orthodoxe Kirchen, Römisch-Katholische Kirche
Freikirchen: Baptistengemeinden, Freie Evangelische Gemeinden, Herrenhuter Brüdergemeine, Heilsarmee, Methodistische Kirche, Mennonitengemeinden, Religiöse Gesellschaft der Freunde (Quäker)
Sekten und Sondergemeinschaften: Christengemeinschaft, Christliche Wissenschaft (Christian Science), Kirche Jesu Christi der Heiligen der letzten Tage (Mormonen), Neuapostolische Kirche, Universitätsbibel-Freundschaft (UBF), Weltweite Kirche Gottes
Klassische Esoterik: Anthroposophische Gesellschaft, Gralsbewegung, Theosophische Gesellschaft
Neuoffenbarungsgruppen: Fiat Lux, Lorber-Kreise, Universelles Leben
Neuhinduistische Gruppen: Internationale Gesellschaft für Krishna-Bewusstsein (Hare Krishna), Satya Sai Baba-Vereinigungen, Sri Chinmoy Centers, Transzendentale Meditation (TM)
Neureligiöse Gruppen anderer Herkunft: Mahikari (Japan), Mun-Bewegung („Vereinigungskirche")
Psycho-Organisationen: Landmark Education, Scientology/Dianetik

Infos: *Esoterik, Jugendendsekte, Psychokult, Religion, Religiosität, Sekte, Spiritualität, Therapie*

Talisman

Talisman: Kleiner Gegenstand, dem magische Kräfte zugeschrieben werden. In den meisten Fällen soll er helfen, Unglück zu verhindern oder Glück dauerhaft zu garantieren. Vermutlich kennt ihr auch solche Gegenstände und Zeichen: Das kann eine religiös gedeutete Plakette sein (z. B. die Christophorus-Plakette im Auto). Manche verstehen christliche Symbole magisch, dann wird das Symbol zum Talisman. In der ↗ *Esoterik* wird beispielsweise bestimmten Steinen eine magische Funktion (↗ *Edelsteintherapie*) zugeschrieben. Oder ↗ *Amulette* werden als Glücksbringer oder Unglücksverhinderer angeboten. (↗ *Magie*)

Tantrismus: Religiöse Strömung in Indien aus dem 5. Jahrhundert, die großen Einfluss auf den Hinduismus und Buddhismus gewann. Die Erlösung sucht der Tantrismus auf dem Wege des Rituals mit Hilfe von magischen Praktiken. – In neuen religiösen Bewegungen (z. B. Ananda Marga, Transzendentale Meditation, Rajneeshismus) wird durch einzelne Gurus (↗ *Guru*) das Tantra-Yoga (↗ *Yoga*) praktiziert. Die westlich geprägten tantristischen Praktiken in der Esoterik werden als befreiende Sexualität verstanden: Im (alten) Tantrismus geht es aber nicht um freizügige Sexualität, sondern eher um die kultische Überwindung von Grenzen, die eine unheilvolle Dualität bewirken (↗ *Dualismus*). Es geht um die All-Einheit. Diese All-Einheit wird symbolisiert in der Vereinigung des männlich-zeugenden und des weiblich-empfangenden Prinzips. In den Geheimriten, in die ein göttliche Verehrung genießender Lehrer einführt, steht die Rezitation (also die ständige Wiederholung) von mystischen Silben (als „Mantra" zu bezeichnen). Im Hinduismus stellt der Tantrismus einen Erlösungsweg dar, um dem ewigen Kreislauf der ↗ *Reinkarnation* zu entkommen.

Tarot ist ein sehr bekanntes ↗ *Orakel*-Hilfsmittel, mit dem Menschen mehr über sich erfahren oder gar die Zukunft sehen wollen. Auf einem speziellen Kartenspiel mit 78 Karten sind in den 22 großen Arkana (Arkanum kommt aus dem Lateinischen und bedeutet Geheimnis/Geheimmittel) und

Es gibt viele geheimnisvoll gestaltete Tarotkarten.

den 56 kleinen Arkana symbolisch unterschiedliche Lebenssituationen festgehalten. Die Karten werden gemischt und dann nach einem bestimmten System ausgelegt. Von dem ↗ *Medium* werden je nach Lage und Umfeld die Bilder gedeutet. Aus den Deutungen ergeben sich dann die Zukunft und meist auch konkrete Handlungsanweisungen für den Interessierten. (↗ *I Ging*, ↗ *Runen*)

Telekinese (griech. tele: fern; kinetikos: Bewegung): Auf eine Entfernung werden Gegenstände bewegt oder verändert, ohne dass sie berührt werden. Das wird auch ↗ *Psychokinese* genannt. (↗ *Psi*)

Telepathie (griech. tele: fern; pathos: Gefühlserregung): Fähigkeit, Gedanken und Gefühle anderer Personen über Entfernungen wahrzunehmen oder Gedanken zu übertragen. Das Wort Television (fernsehen) ist bekannt. Telepathie meint dementsprechend „fernfühlen". Die Aufnahme fremder Bewusstseinsinhalte erfolgt ohne direkte sinnliche oder technische Vermittlung. Die Telepathie wird von der universitären ↗ *Parapsychologie* (↗ *Psi*) untersucht und erforscht.

Teufel: Irgendwie hat jeder eine Vorstellung vom Teufel. Ob als Kobold, als Gehörnter, als Angst- oder Witzfigur. Fragen wir Kinder: Sie können ihn malen, vorspielen, ihre Phantasie produziert immer neue Teufelsbilder. Ist der Teufel darum ein Produkt der Phantasie, der Psyche des Menschen? – Was fest steht: Wir kennen das Böse in der Welt. Dafür gibt es viele Beispiele. Aber, gibt es den leibhaftigen Bösen (Teufel, Satan), gibt es wirklich böse ↗ *Geister* und Dämonen? Die Frage ist in Kurzform: das Böse oder der Böse? Mit dieser Frage haben sich die Kirchen (und die Theologie) immer wieder beschäftigt. Für viele ist das „Teufelsthema" unwichtig. In manchen kirchlichen Kreisen spielt die Lehre vom personalen Bösen eine große Rolle (↗ *Dualismus*). Dies können wir auch in vielen Sekten (und evangelikalen-fundamentalistischen Bewegungen) fest-

Kinder stellen sich so den Teufel vor.

stellen. – Für die Auseinandersetzung von Christen ist wichtig: Geglaubt wird nicht an den Teufel, sondern an Gott (↗ *Glaube*). Böses gibt es. Es muss bekämpft werden. Ob ein personaler Böser als Antrieb des Bösen in der Welt angesehen werden muss, ist umstritten. (Die katholische Tradition und andere kirchliche Traditionen nehmen das an.) Wie dem auch sei, christliche Überzeugung ist: Durch Jesus Christus werden Menschen Befreite. Er hat Macht über alles Böse und Dämonische. Er hat das Böse/den Bösen besiegt. In seiner Auferstehung zu leben (in seiner Nähe/Nachfolge) bedeutet für Christen: Das Böse hat keine Macht (mehr) über Menschen.

Theologie: Die Theologie (von griech.: theologeia = Rede von Gott) beschäftigt sich mit den Grundlagen der Geschichte und den Konsequenzen der jeweiligen Religion. So ist Theologie die „Wissenschaft vom Glauben". Beispielsweise wurde schon in den Anfängen des Christentums das sorgfältige Nachdenken über den Glauben für wichtig gehalten. Das merken wir, wenn wir innerhalb der Bibel die vier Evangelien miteinander vergleichen. Hier sind bereits unterschiedliche theologische Aussagen und Absichten festzustellen. Dies setzt sich in der gesamten Kirchengeschichte fort. Bei allem theologischen Bemühen: Glaubensaussagen sind Aussagen, die Menschen über ↗ *Gott* machen. Theologie wird darum nie eine absolute Wahrheit herausfinden können. Bei allen menschlichen Anteilen ist wichtig, dass Gott sich in menschlichen Erfahrungen zeigt. Darum wird die „Rede von Gott" (die Theologie) immer menschliche Züge haben müssen, denn sonst könnte von Gott nicht mehr gesprochen werden. Nach jüdischer, christlicher und muslimischer Vorstellung gilt: Gott nähert sich den Menschen in konkreten Ereignissen und Erfahrungen. (↗ *Offenbarung*)

Theosophie (griech. theos: Gott; sophia: Weisheit): religiös motivierte Weltanschauung, die versucht, über Philosophie, Theologie und andere Wissenschaften hinaus zu einer höheren Wahrheitsschau aufzusteigen. Ziel ist, zu höchster Vollendung zu gelangen. Theosophisches Denken ist seit der Antike bekannt und bewegt sich immer in deutlicher Nähe zu ↗ *Mystik*, ↗ *Astrologie* und ↗ *Okkultismus*. Nur Auserwählte (↗ *Esoterik*) können das ungewöhnliche Wissen von Gott und Welt (Geheimwissen) empfangen. Einflüsse der Theosophie sind bei verschiedenen Lehren und Organisationen (so z. B. bei den Rosenkreuzern) festzustellen. In der Theosophie gilt das Ich des Menschen als unsterblich, das Leben als eine zyklische Form von ↗ *Reinkarnation*. Als einflussreiche Strömung für viele Esoterik- bzw. Okkultbewegungen gilt die von HELENA PETROVNA BLAVATSKY 1875 gegründete ↗ *Theosophische Gesellschaft* mit dem Versuch, Hinduismus und abendländisches Denken zusammenzuführen. Eine besondere Form der Theosophie ist die von RUDOLF STEINER begründete Weltanschauung der ↗ *Anthroposophie,* sie hat ihre Wurzeln in der Theosophie.

Theosophische Gesellschaft: 1875 in New York mit dem Ziel gegründete Gesellschaft, die verstreuten Wahrheiten der ↗ *Theosophie* zu sammeln und sie durch Bildung einer universellen Bruderschaft der Menschheit, durch vergleichendes Studium der Religion, Philosophie und Naturwissenschaft im Leben zu verwirklichen. Die schon bald einsetzende starke Hinwendung zu Hinduismus und Buddhismus führte 1913 zur Abspaltung der ↗ *Anthroposophien*, da RUDOLF STEINER, Generalsekretär der deutschen Theosophischen Gesellschaft, sich weigerte, eine Heilsbotschaft, die über das Christusereignis hinausgeht – ein indischer Junge sollte als ↗ *Reinkarnation* Jesu Christi anerkannt werden – anzunehmen und zu verteidigen.

Therapie/Therapeut: Therapie ist die Behandlung seelischer und körperlicher Erkrankungen. Grundlegend ist das Fachwissen der Therapeuten (Ärzte, Psychologen, Heilpraktiker) und deren gründliche Ausbildung. Die Begriffe Therapie und Therapeut sind nicht geschützt. So kann im schlimmsten Fall auch jeder Unsinn als Therapie „verkauft" werden, oft für viel Geld. Und so kann sich auch jeder selbst ernannte „Wunderdoktor" als Therapeut bezeichnen. – Ein weiteres Problem: Es gibt eine große Bandbreite von Therapien, die teilweise weltanschaulich gefärbt oder gar ausgerichtet sind (↗ *Reiki*, ↗ *Fernheilung*, ↗ *Geistheilung*, ↗ *Erdstrahlen*, ↗ *Rebirthing*, ↗ *Reinkarnationstherapie*). Kritische Prüfung ist also angebracht, auch und vor allem dann, wenn man krank ist und dringend Hilfe braucht.

Tonbandstimmen wurden auf Tonbändern aufgenommen und stammen angeblich von Verstorbenen aus dem ↗ *Jenseits*. Durch eine solche Jenseitsbrücke, so glauben viele, könne man mit Verstorbenen kontakten. Die ↗ *Tonbandstimmenforschung* (sie ist nicht wissenschaftlich anerkannt) versucht mit unterschiedlichen technischen Verfahren eine Kommunikation mit der Geisterwelt aufzunehmen. Es gibt verschiedene plausible Erklärungen, wieso es zu solchen Stimmen und Botschaften kommt. So bestätigen beispielsweise Naturwissenschaftler, dass bestimmte Radiowellen aufgezeichnet und interpretiert werden. Oder im Rauschen eines Senders werden Stimmfetzen gehört und dann ausgelegt.

Tonbandstimmenforschung: In der Tonbandstimmenforschung, die nicht zu den anerkannten Wissenschaften gehört, weil sie keine Methodik vorlegen kann, die eine Überprüfung der Ergebnisse beinhaltet, wird der Versuch unternommen, technisch gestützte Jenseitsbrücken aufzubauen. Mit Hilfe von Kassettenrecordern, Videorecordern und Computern soll es möglich sein, Antworten aus der Geisterwelt zu erhalten (↗ *Geister*). Die Ergebnisse der Tonbandstimmenforschung werden als Beweis für den ↗ *Spiritismus* gesehen. Unter Laborbedingungen – das sind bestimmte Testverfahren und Untersuchungsreihen der parapsychologischen Forschung – lassen sich die Ergebnisse der Tonbandstimmenforschung nicht nachvollziehen. (↗ *Parapsychologie*)

Fortsetzung auf Seite 104

Islam

Der Islam hat sich in Deutschland nach dem Christentum zur zweitgrößten Religionsgemeinschaft entwickelt. Etwa 3 Millionen Menschen gehören bei uns dieser Religion an.
Neben Judentum und Christentum ist der Islam die dritte große Religion, die das Bekenntnis zu dem Einen Gott, dem Schöpfer der Welt, in den Mittelpunkt des Glaubens stellt. Islam bedeutet Hingabe an Gott und Frieden in Gott. Der Islam versteht sich als Abschluss der jüdischen und christlichen Offenbarungen: Alle jüdischen Propheten und auch Jesus, der als Prophet gesehen wird, finden in der Offenbarung, die Mohammed zuteil wurde, ihre Vollendung. Die dem Islam zugehörigen Gläubigen werden Muslime genannt.
Am Ursprung des Islam steht Mohammed, der als Prophet verehrt wird. Er begann sein Wirken im Alter von 40 Jahren in seiner Geburtsstadt Mekka, die er aber 622 verließ, um nach Medina zu ziehen. Mit diesem Gang nach Medina beginnt die muslimische Zeitrechnung.
Die Heilige Schrift der Muslime heißt Koran, verfasst in arabischer Sprache. Er ist nach islamischer Überlieferung das vom Erzengel Gabriel an Mohammed Wort für Wort übermittelte Buch Gottes. Das grundlegende Glaubensbekenntnis lautet: „Ich bezeuge, dass es keinen Gott gibt außer Allah, und Mohammed ist sein Prophet." Zu den fünf Säulen des Islam zählen als Grundpflichten neben dem Glaubensbekenntnis das tägliche Gebet, das Fasten zu festgesetzten Zeiten, das Austeilen von Almosen und die Wallfahrt nach Mekka.
Muslim ist jeder, der das Glaubensbekenntnis vor Zeugen abgelegt hat und den Weisungen des Islam folgen möchte.
Schon sehr früh entwickelten sich innerhalb des Islam unterschiedliche Richtungen, die noch heute bestehen.
Infos: *Gebet, Gott, Offenbarung, Prophet*

Im Angebot: Heil und Sinn für nur 300,- DM

Wer kennt das Gefühl nicht: Da will zurzeit nichts richtig laufen. Die Stimmung ist mies, kaum Bock auf etwas und sowieso: Alle können mich mal! In der Schule oder im Lehrbetrieb gibt es Ärger. Und auf die Freunde ist auch kein Verlass. Die nerven. Ganz zu schweigen davon, was zu Hause abgeht.

Das ist vermutlich eine Realität in jedem Leben. Was ist also zu tun? Am besten verschwinden, für ein paar Wochen raus aus dem ganzen Mist. Gut, dass es Ferien gibt. Markus und Martina machen sich auf die Socken. Ein Stück mit der Bahn, dann weiter per Anhalter. Alles hinter sich lassen. Und da sind sie nun in München. Die Stimmung ist schon viel besser.

Auf einer großen Einkaufsstraße werden sie plötzlich von der Seite angesprochen: „Habt ihr kurz Zeit? Wir hätten da was für euch. Schaut mal." Eine junge Frau und ein junger Mann, beide nette Typen, möchten mit Markus und Martina ins Gespräch kommen. „Wenn ihr wollt, trinken wir einen Kaffee." Ist doch ein Angebot. Die dynamische junge Frau zeigt auf ein paar leere Stühle im Straßencafé auf der anderen Seite. „Okay! Warum auch nicht?", denken die beiden. Und da sitzen sie nun mitten in München mit zwei fremden Personen zusammen.

Nach kurzer Zeit erzählen Markus und Martina von sich, von dem Zoff zu Hause, der miesen Stimmung und den Schwierigkeiten in der Schule. Die junge Frau und der junge Mann hören gut zu, stellen einige Fragen, und bereits nach kurzer Zeit spüren Markus und Martina, dass die scheinbar voll vernünftige Ansichten haben.

Es gibt noch eine Cola und dann das freundliche Angebot: „Also, wie gesagt, wir hätten da was für euch. Ihr habt ja Zeit. Morgen machen wir einen Workshop für so Leute wie euch. Da geht es um Konflikte, um innere Blockaden und Erfolg. Wir bieten euch die Teilnahme an. Kostet nichts, nur ganz darauf einlassen ist

wichtig und das erwarten wir dann auch. Und wenn es euch gefällt, könnt ihr auch bei uns am Wochenende wohnen. Dann gibt es nämlich einen Fortsetzungskurs. Ist nicht ganz kostenfrei. Aber das besprechen wir dann später..."
So eine Situation kommt vor. Da werden einem Staubsauger verkauft, Reisen angeboten, Therapien angequatscht und Workshops (um glücklich zu werden) schmackhaft gemacht, Crashkurse fürs innere Wachsen als Lösung der Probleme angeraten usw. In so einer Situation ist es gut, erst dreimal tief Luft zu holen und möglichst schnell den Verstand einzuschalten.

14 Tipps und Hinweise

Die folgenden Tipps und Hinweise sollten Markus und Martina kennen. Einige sind eher für Erwachsene mit dicker Brieftasche gedacht, einige sind aber dann doch für Jugendliche mit weniger Geld wichtig.

- Grundsatz: Gesundes Misstrauen kann nicht schaden!
- Zeit nehmen: Nie vor Ort unterschreiben – in Ruhe zu Hause prüfen...
- Klären: Gibt es kostengünstigere, risikoärmere Alternativen?
- Achtung: Wenn psychische Probleme vorliegen, keine Kurse besuchen, Vorsicht bei unbekannten Therapien!
- Tipp: Kommunale oder kirchliche Beratungsstellen aufsuchen (kostenloses Angebot).
- Frage: Welche Ausbildung und Qualifikation hat der Leiter/die Leiterin, der Therapeut/die Therapeutin? Einen schönen Titel (z. B. Diplom-Kosmologe, Mentaltrainer) kann sich jeder zulegen. (Gibt es einen Fachverband, wo man sich informieren kann?)
- Klären: Welche Methoden werden angewandt? Rufe ggf. beim Veranstalter an: Wie läuft der Kurs ab?

- Nachfragen: Steht die Methode im Zusammenhang mit dem Ziel des Angebotes (des Kurses, der Therapie)?
- Gegenanzeige: Wie schätzt der Veranstalter (bzw. der Therapeut/die Therapeutin) Misserfolg, Risiken und Nebenwirkungen ein?
- Genau hinschauen: Gibt es unzulässige (verdächtige) Vertragsklauseln?
- Finanzen: Wie sind die Kosten? (Eine Therapiestunde kostet heute ca. 80,– DM bis 120,– DM. Vorsicht bei Wochenendseminaren, die mehrere hundert Mark kosten.)
- Beachten: Immer eine Rechnung bzw. Quittung geben lassen.
- Klärung: Wird eine Mitgliedschaft erwartet?
- Wichtiger Hinweis: Es muss das Recht bestehen, jederzeit aussteigen zu können (persönliche Papiere nie abgeben).

Infos: *Therapie/Therapeut*

Transzendenz

Transzendenz: Alles, was außerhalb des realen und erfahrbaren Bereichs liegt, können wir als Transzendenz bezeichnen. Das ist der Bereich, den wir als Menschen nicht inhaltlich beschreiben können (↗ *Jenseits*). Die Transzendenz ist also ein großes Geheimnis und wird in den Religionen als das angesehen, was die Offenbarung durch ↗ *Gott* oder eines höheren Wesens (denn Gott wird nicht von allen Religionen als Person = der Eine Gott verstanden) notwendig macht. Alle menschliche Erfahrung und Realität bewegen sich zu einer Grenze hin (↗ *Jenseits*), die überschritten werden muss (transzendieren). Die Zeit wird zur Ewigkeit, die Endlichkeit zur Unendlichkeit. Das ist das „große Thema", worum es in allen Religionen geht (↗ *Religion*). Das „sich zu den Grenzen hin bewegen" kann als ↗ *Glaube* (↗ *Mystik*) bezeichnet werden.

UFO ist die Abkürzung für Unbekannte Fliegende Objekte; diese wurden seit den 30er Jahren in den verschiedensten Gebieten der Erde immer wieder beobachtet. Vielfach tellerförmige („Fliegende Untertassen"), häufig hell leuchtende und sich bewegende Objekte unbekannter Art und Herkunft, die Anlass zu Spekulationen über ihren extraterrestrischen (Fachbegriff aus der Physik: Es werden Vorgänge außerhalb der Erde und der Erdatmosphäre untersucht) Ursprung gaben, haben in letzten Jahren für viel Aufsehen gesorgt: Die immer wieder gesichteten Flugobjekte entpuppten sich bislang aber als Projektion, erklärbare Erscheinungen oder gar als Täuschungen (u. a. Laserstrahl bei Großdiscos). Die als Beweismittel vorgelegten Fotos wurden im Nachhinein als Täuschung und Betrug entlarvt.

Fortsetzung auf Seite 109

Täuschung: UFO oder Frisbee?

Akte X und die Geheimnisse in den FBI-Archiven

UFO-Alarm in Köln oder Brüssel. Irgendetwas am Himmel ist entdeckt worden. Die Polizei wird darüber schnell in Kenntnis gesetzt. Fehlanzeige! Nur diejenigen, die Panik bekamen und die Polizei informierten, hatten den unbekannten Flugkörper gesehen. Da hilft auch kein vermehrtes Streifefahren.
Meldungen von unbekannten Flugobjekten sind häufig in den Zeitungen zu finden: Nachts wird irgendwo ein merkwürdiges Licht am Himmel entdeckt. Später stellt sich allerdings heraus, dass es der Laserstrahl einer Diskothek war. – Da sind irgendwo mysteriöse Kornkreise zu finden. Sind hier UFOs gelandet? Die Beispiele wurden später allesamt gelüftet, wie die bekannten Kornkreise in England. Einige lustige Rentner hatten sich den Spaß gemacht und heimlich Kreise gezogen.
„Unbekannte Flugobjekte" (UFOs) werden nicht nur heute entdeckt. Der spektakuläre Bericht des Piloten Kenneth Arnhold vom 24.06.1947, der neun so genannte Untertassen über Cascade Mountains (USA) gesichtet haben wollte, zog eine Epidemie nach sich: Immer häufiger wurden unbekannte Flugkörper gesichtet. Bei den Begegnungen der so genannten „dritten Art" soll es zu Kontakten mit UFO-Besatzungen gekommen sein. Menschen berichteten, sie seien von UFO-Besatzungen entführt, untersucht und dann wieder auf freien Fuß gesetzt worden. In hypnotischen Rückführungen konnten sie über diese traumatischen Episoden erzählen. Handelt es sich hier um ein rein psychisches Problem, um eine Projektion oder um den Glauben daran, ein Auserwählter oder eine Auserwählte zu sein? Hier gibt es weiter großen Klärungsbedarf.
Im April 1997 brachten Nachrichtenagenturen folgende Meldung: „Die USA befürchten keine UFO-Angriffe aus dem All. Wie ein Sprecher des US-Verteidigungsministeriums sagte, hat die Luftwaffe bereits 1969 Nachforschungen über UFO-Sichtungen

eingestellt. Fast alle 12.618 Beobachtungen vermeintlicher außerirdischer Flugobjekte hätten geklärt werden können, sagt der Pentagon-Sprecher. Die USA könnten deren Existenz nicht bestätigen." Da werden X-Akten geschlossen, schon ist ProSieben Mysteriösem aus dem Weltall auf der Spur. Eine Staffel nach der anderen von Akte X wird produziert, dazu gibt es andere „Mystery-Serien". Und zur Not lässt sich das alles wiederholen. So kommt der an Außerirdischen und Psi interessierte Zuschauer voll auf seine Kosten und die Zuschauerin voll auf ihre Kosten. Ganze Generationen werden mysteriös bedient.

Keine Frage: Ob nun Mythos oder (im Ansatz) eine Wirklichkeit, die Geschichten verbreiten sich wie im Lauffeuer.

Hinzu kommt der groß angelegte Kinofilm „Independance Day". Und (man lache und staune) so manche Alf- und ET-Verfilmungen tragen auch zur allgemeinen „Gläubigkeit" bei. Und „Star Trek" und wie die Streifen alle heißen...

Der Blick in die Geschichte alter Kulturen zeigt, dass hier ebenfalls ungewöhnliche Himmelserscheinungen festgestellt wurden. Hier kamen angeblich Götter auf die Erde. Kultstätten entstanden. Und auch bei den heutigen „extraterrestrischen Kontakten" spielen häufig religiöse Motive eine wichtige Rolle. Hat das nicht etwas mit einem modernen Engelsglauben zu tun? Da geht es um rettende Botschaften und um Weltethos.

Vor Jahren benutzte Professor Linus Hauser von der Uni in Gießen bereits die Formulierung: „UFOs sind die technischen Engel unserer Zeit." Im Mittelalter gab man den Engeln Pappflügel, heute haben sie Raumschiffe. Glaubensvorstellungen verwenden ebenfalls solche Attribute, die technisch auf neuerem Stand sind. UFOs sind daher vielleicht ein religiöses Phänomen. Sie helfen, den verlorenen Glauben an transzendente, außerweltliche Mächte neu zu beleben. Und hier und da kommt noch der moderne Spiritismus dazu: Es können Botschaften empfangen werden. Medien nehmen Kontakt mit UFO-Besat-

Außerirdischer ließ Jungen erstarre

Berichte über Ufo-Landung in der UdSSR werden immer phantastisch

Moskau (AP). Die Berichte über eine angebliche Landung Außerirdischer, die kürzlich Bürger in Woronesch am Don in Angst und Schrecken versetzt haben sollen, werden immer phantastischer. Augenzeugen behaupten, ein Außerirdischer mit aus gruenen Augen habe einen 16jährigen mit einem Strahl einem Rohr verschwinden lassen. Der Junge sei jedo später wohlbehalten wieder aufgetaucht.

Regierung glaubt nicht an UFOs

Washington (AP). Di USA befürchten keine UFO-Angriff aus de All. Wie ein Sprec des US-Verteidigu ministeriums sagte, die Luftwaffe b 1969 Nachforsch über UFO-Sic eingestellt.
12 618 Be vermeintli discher F ten gekl nen, sa Sprech könnt nicht

Neue Ufodämmerun

Nach „Akte X" setzt Pro Sieben weiter auf Mysteriö

Kreisforscher auf den Leim geführt

Kornkreis-Rätsel bleibt ungelöst

London (dpa). Zahlreiche Wissenschaftler und Hobby-Experten, die Tagen in ... Draht und sogenannte Ouija ...

„Ufos" erschrecke Braunschweiger

■ **Braunschweig (dpa)** ...

Belgiens Ufos gaben Geheimnis nicht preis

Über Ostern bisher größter Such-Einsatz

Brüssel (dpa). Noch nie wurde mit solchem Aufwand nach unbekannten Flugobjekten gefahndet ... am Osterwochenende in Belgien. Die königliche Luftwaffe ...

Belgien hat seine Ufos wieder

(dpa). Belgiens ...

„UFOlogen" tagen in Lyon

Lyon (dpa). Der 8. europäische UFO-Kongreß ist am Wochenende in Lyon eröffnet worden. Bei dem Treffen geht es ...

Geheim der Krei ist gelüf

Bonn (ddp). D heimnis der mys sen Kornkreise i fenbar gelüftet. Deutsche Jagdsc verband erklärte tern, die Kornk würden von lieb len Rehböcken ir Kornfelder getram er Verband war ...

Die mysteriösen Kornzirkel in Südengland beschäftigen seit Jahren die Wissenschaftler aus aller Welt.

Diskostrahler lösen UFO-Alarm aus

■ **Mannheim** (dpa). Deutschland ist offenbar mal wieder im UFO-Fieber. Wie das „Centrale Erforschungsnetz außergewöhnlicher Himmelsphänomene" in ... mitteilte ...

...rliner Ufo-Kongreß sucht nach Antworten

Weisheit durch Außerirdische?

Paris (dpa). Fast jeder zweite Franzose glaubt an die Existenz außerirdischer Wesen. Dies er-

zungen auf. Heilsbotschaften werden empfangen und weitergegeben.

Bei der Suche nach der Wirklichkeit ist diese religiöse Dimension auf jeden Fall mit zu bedenken. Und sicher ist auch der alte Lehrer und Psychologe C. G. Jung mit zu Rate zu ziehen, der in der UFO-Welle seiner Zeit tiefenpsychologisch eher eine Projektion des Unterbewussten annahm. Er sah darin den Ausdruck für eine kollektive Not, die an den Himmel zurückgegeben wird. Da wären wir dann wieder bei den rettenden Engeln unserer heutigen, modernen, technisierten Zeit.

Fest steht: An diesem Thema scheiden sich immer noch die Geister. Wissenschaftlerinnen und Wissenschaftler, kreative Filmemacher sowie visionäre Autorinnen und Autoren bemühen weiter ihre Phantasie. Zeitungsleute freuen sich über jedes neue UFO-Gerücht, Studiengesellschaften forschen und machen Kongresse, Parapsychologen sammeln und deuten. Das Thema wird noch viel Neugierde und Angst produzieren. Kühler Verstand ist angesagt!

Infos: *Astralkörper, ASW, Engel, Esoterik, Jenseits, Psi, Spiritismus*

Veda (Weda) / Veden (sanskr. veda: Wissen): älteste aus Indien in Sanskrit (das ist eine altindische Sprache) in Versen und Prosa überlieferte und zu den heiligen Schriften des Hinduismus zählende Literatur. Die Veden sind etwa 1200–600 v. Chr. entstanden. Auf die Veden beziehen sich sehr viele der neuen religiösen Bewegungen, so auch die International Society for Krishna-Consciousness/ISKCON (Hara-Krishna-Bewegung), die 1966 vom Bengalen A. C. BHAKTIVEDANTA SWAMI PRABHUPADA (1896 bis 1977) gegründet wurde, auf die Veden. Sie will die vedische Kultur und Religion im Westen verbreiten. Hinzu kommen weitere neue hinduistisch geprägte Gruppen, wie die Transzendentale Meditation (TM), die in der religiösen Tradition der Veden stehen und dieses „Wissen" einem westlichen Interessentenkreis anbieten bzw. hier missionierend tätig sind. (↗ Hinduismus)

Voodoozauber(-kult): Magische Praktik und der Name für einen auf Haiti weit verbreiteten Geheimkult, in dem ekstatische Tänze, die zur Verbindung von Kultteilnehmern mit Gottheiten führen sollen, eine beherrschende Stellung einnehmen. Die polytheistischen (Polytheismus = Glaube an viele Götter/Vielgötterei) Gottheiten des Voodookults sind afrikanischer Herkunft, aber in synkretistischer (↗ *Synkretismus*) Weise mit katholischen Heiligen verschmolzen. Die Rituale werden in Kulträumen gefeiert. Die Leitung der Voodoogemeinschaften untersteht einem nach Rängen aufgegliederten Priestertum. (↗ *Magie*, ↗ *Schwarze Magie*, ↗ *Weiße Magie*)

Wassermannzeitalter: Monat im kosmischen Weltenjahr, der über 2.000 Jahre dauert. Verbunden mit diesem Monat, der durch den Verlauf der Erdachse durch das Sternbild des Wassermanns definiert wird, soll eine Änderung im Denken der Kulturen eintreten. Das polare Denken – Denken in Begrenzungen – wird aufgehoben und durch ein ganzheitliches Denken ersetzt: Alles gehört zusammen. (↗ *New Age* und ↗ *Wendezeit*)

Weiße Magie: Die Magie wird nach ihren Wirkmöglichkeiten unterteilt. Die Weiße Magie beschäftigt sich nur mit guten Dingen, die durch magische Handlungen erreicht werden sollen (Beispiel: Ritual, um einen Kranken gesund werden zu lassen). Im Gegensatz zur Weißen Magie beschäftigt sich die Schwarze Magie mit dem Bösen und Negativen. – In einem christlichen, abendländischen Kontext werden christliche Texte für Beschwörungen verwendet und Heilige und Jesus Christus um Hilfe gebeten. – Es gibt Menschen, die verstehen das Gebet magisch: Dadurch soll ein Ereignis konkret beeinflusst werden. Das Gebet wird so zur Beschwörungsformel. (↗ *Gebet*, ↗ *Magie*, ↗ *Schwarze Magie*)

Wendezeit ist der Zeitraum, an dem in einem kosmischen Weltenjahr der Übergang von einem Monat in den anderen stattfindet. Derzeit soll sich gerade der Wechsel vom Fische- zum Wassermannzeitalter vollziehen. Mit dieser Wende verbindet man nicht nur den Abschluss einer zeitlichen Epoche, sondern man geht davon aus,

Wiccakult

dass sich auch das geistige Bewusstsein ändert. (↗ *New Age*, ↗ *Wassermannzeitalter*)

Wiccakult: Seit Mitte der 30er Jahre des letzten Jahrhunderts bildete sich, ausgehend von England, eine moderne, magisch-okkultistische Hexenbewegung. Der Wiccakult, der im Gegensatz zum Christentum eine matriarchale (Matriarchat: Mütter/Frauen stehen an der Spitze der Gesellschaft) Religionsform mit einer Hohenpriesterin an der Spitze jeder Gruppe oder jedes Stammes ist, lehnt sich an die historischen ↗ *Hexen* an. Die Mitglieder, die sich als Nachfahren der mittelalterlichen Hexen ansehen, bezeichnen sich ebenfalls als Hexen oder Hexer und wollen in kultischen Handlungen die Muttergöttin verehren.

Wiedergeburt (↗ *Reinkarnation*)

Wünschelrute: Hilfsmittel zum Aufspüren von angeblichen Erdstrahlen, Wasseradern, Rohstoffen und sogar von Krankheiten. Die Rute, die aus unterschiedlichen Materialien hergestellt sein kann, wird mit beiden Händen waagerecht gehalten. Kommt man mit dieser Rute in die Nähe einer Strahlenquelle, schlägt die Rute aus, d. h., sie dreht sich nach oben oder unten weg (↗ *Radiästhesie*, ↗ *Erdstrahlen*). Versuche haben deutlich gemacht, dass eine Rute nicht wie eine Kompassnadel funktioniert (also von einem Magnetfeld angezogen wird), sondern etwas mit der Fähigkeit und der Absicht, dem Bewusstsein und dem Unterbewusstsein des Benutzers zu tun hat (↗ *Automatismus*, ↗ *Auto-*

Ein Rutengänger im Einsatz.

*Yin und Yang:
Symbol geheimnisvoller Ordnung.*

matisches Schreiben). Die Erklärung zum Automatischen Schreiben kann auf das Funktionieren einer Rute übertragen werden.

Yin und Yang: Entgegengesetztes ist füreinander notwendig, Gegensätze benötigen sich. Dieses chinesische Denken wird festgemacht an den Polen Yin und Yang. Hell (Yang) und Dunkel (Yin), Hitze und Kälte, weiblich (Yin) und männlich (Yang) sind solche Pole. In unseren Breitengraden kennen wir den Satz: „Gegensätze ziehen sich an." Im chinesischen Denken ist dieses bipolare Denken viel stärker ausgeprägt (↗ *Dualismus*). Die Gegensätze tendieren dazu, ineinander überzugehen und so zum eigenen Gegenteil zu werden. Mit dem Prinzip von Yin und Yang wird die Welt im Kleinen und Großen erklärt. So ist beispielsweise für die chinesische Medizin die Bipolarität einer der entscheidenden Faktoren, um den Menschen und seinen Mikrokosmos zu verstehen. – In westlichen Ländern ist das Symbol von Yin und Yang zum Modeartikel geworden. Überall ist es zu sehen: auf T-Shirts, als Autoaufkleber oder als Button. Dabei ist vielen nicht bewusst, dass es sich bei Yin und Yang um ein religiöses Symbol handelt, mit dem die Ordnung des Kosmos in der chinesischen Philosophie verdeutlicht wird.

Yoga (altindisch yuga-m: Joch) meint ein „Anschirren" an Gott bzw. die Vereinigung mit ihm. Jeder Weg zu Gott kann als „Yoga" bezeichnet werden, weshalb der Hinduismus auch verschiedene Yoga-Formen unterscheidet: Jnana-Yoga ist der Weg der Erkenntnis. Bhakti-Yoga die liebende Hingabe an die Gottheit. Raja-Yoga, der „königliche Yoga", geht auf den großen Hindu-Reformer Patanjali (etwa 200 v.Chr.) zurück. Die von ihm u.a. gelehrten Körperhaltungen werden im Westen verkürzt meist als Yoga bezeichnet. Karma-Yoga (↗ *Karma*) ist der Versuch des selbstlosen Handelns. Tantrisch (↗ *Tantrismus*) geprägt ist der Kundalini-Yoga, der im Westen in unterschiedlicher Form von den meisten ↗ *Gurus* vertreten wird. Kundalini ist die „Schlangenkraft", bildlich gedacht als Kraft zusammengerollt im Unterleib, die nach ihrer Aktivierung durch die verschiedenen Chakren hindurch zum obersten ↗ *Chakra* am Scheitel steigt, um dort als Shakti (die Gemahlin des Gottes Shiva) sich mit Shiva zu vereinigen.

Hilfe, meine Freundin dreht ab!

Manchmal gibt es Gelegenheiten, da werden wir eben gebraucht, da kommt es auf uns an. Die Zeitungsmeldungen sind hinlänglich bekannt: Afrikaner durch die Stadt getrieben. – Irgendwelche bescheuerten Rechtsradikalen haben einen Asylbewerber verfolgt und kein Passant griff ein. – Da liegt einer blutend auf der Straße, fast leblos. Die Vorbeigehenden schauen erstaunt, gehen dann aber schnell weiter. „Wird wohl zu viel Alkohol getrunken haben", ist noch zu hören. – Eine ältere Dame hat die Orientierung verloren. Sie steht hilflos vor einer Ampel, sie weiß nicht vor und zurück ... bis, ja bis endlich ein junges Mädchen dieses erkennt und zu ihr geht, sie anspricht. Es gibt eben Situationen, da werden wir gebraucht. Wegschauen, Vorbeigehen, so tun, als ob nichts wäre, das sind Haltungen, die wir mit Recht als „asozial" bezeichnen können.

Nun muss man oder frau aber nicht erst auf die Straße gehen, um so etwas zu erleben: Julia und Felizitas sind befreundet. Die Mädchen kennen sich seit vielen Jahren. Sie gehen zusammen in eine Klasse. Beide sind 13 Jahre alt. In letzter Zeit wundert sich Julia über Felizitas. Was sonst nie der Fall war, sie fehlt plötzlich häufiger in der Schule, ruft nicht an, kommt auch nicht zum Nachmittagstreff rüber. „Komisch", denkt Julia. Dazu kommt, Felizitas wird immer verschlossener. Sonst hatte sie Julia (fast) alles erzählt. „Was mag sie nur haben, die Doofe?" Letztens sah Julia, dass Felizitas blaue Flecken an ihrem Arm hatte. Schnell zog Felizitas den Pulloverärmel herunter, damit die Flecken verdeckt wurden. Auf die Frage, was das sei, kam keine Antwort. Sie ließ Julia einfach stehen.

Es gibt Beobachtungen, die uns nicht in Ruhe lassen. Gut so! Aber was ist zu tun bzw. was kann getan werden?
- Keinen Druck auf Felizitas (oder wie die Person auch heißen

mag) ausüben. Wohl aber deutlich machen, dass die Veränderung auffällt und dass sie jederzeit kommen kann und darüber sprechen kann.
- Vielleicht ist es sinnvoll, einfach mal das vertraute Gespräch mit dem Klassenlehrer bzw. der Klassenlehrerin zu suchen. Oder vielleicht gibt es einen Beratungslehrer oder eine Schulpsychologin.
- Sache der Lehrer und Lehrerinnen wäre es, mit den Eltern Kontakt aufzunehmen (es muss ja nicht direkt um blaue Flecken gehen).
- Wenn sich der Eindruck verhärtet, dass Felizitas Opfer von psychischer und physischer Gewalt ist, dann ist Eingreifen (Intervention) dringend geboten. Sucht den Kontakt mit eurem Jugendamt und bittet um eine Auskunft bzw. um ein vertrauliches Gespräch und überlegt mit der dort tätigen Fachkraft weitere Schritte.

Und wie findet ihr das Jugendamt? Ganz einfach. Telefonbuch aufschlagen, die Nummer der Stadt- oder Kreisverwaltung suchen; dort bei der Zentrale anrufen und euch mit dem Jugendamt verbinden lassen.

Manchmal fühlt man sich sehr unsicher: Ist das wohl richtig, da jetzt hinzugehen? Wenn die blöd gucken – oder was ist, wenn ich Unrecht habe? Da blamiere ich mich noch.
Ehrlich gesagt, lieber mal übervorsichtig handeln und ggf. ein vertrauliches Gespräch suchen, bei dem später dann herauskommt, dass die Sorge unbegründet gewesen ist, als so wie die drei Affen (Augen zu, Ohren zu, Mund zu) da sitzen und nichts tun.
Und bevor gar nichts getan wird, gibt es ja auch anonyme Möglichkeiten, Rat einzuholen. Dort kann angerufen werden: Telefonseelsorge: +0800 111 0 111 oder +0800 111 0 222, bundesweites Kinder- und Jugendtelefon: +0800 111 0 333.

Hilfe, meine Freundin dreht ab!

In Notfallsituationen: Hier können sich Kinder und Jugendliche Rat holen.

Später hat sich tatsächlich herausgestellt: Felizitas wurde von ihrem Vater und ihrer Mutter geschlagen, weil sie manchmal nicht so wollte, wie es ihre Eltern gerne hätten. Die Eltern fühlten sich im Recht und dazu verpflichtet. „Schon in der Bibel steht", so Felizitas' Vater, „wer sein Kind liebt, soll es züchtigen."

Ratsuche und Hilfe kann auch an vielen anderen Stellen angebracht sein: wenn der Obersatanist der Schule zu sehr Macht ausüben will. Wenn Mitschülerinnen und Mitschüler abhängig gemacht werden, was auch immer. Oder wenn deutlich wird, dass die ewige spiritistische Tischchen- oder Glasrückerei nur krank macht. Wir dürfen uns einfach nicht alles gefallen lassen!

Infos: *Siehe Adressen auf Seite 117.*

Woran kann ich eine konflikttächtige Gruppierung bzw. Organisation erkennen?

(Wenn zwei oder mehrere der nachfolgenden Aussagen zutreffen, sollten nähere Informationen eingeholt werden. Fachkundige Ansprechpartner siehe Seite 117 f.)

- Die Gruppe behauptet, das Wissen und die Methoden zu besitzen, um die Probleme dieser Welt zu lösen.
- Die Gruppe bietet mir die vollständige Lösung meiner persönlichen Probleme, die Erfüllung meiner Wünsche an. Sie verspricht mir, mit ihrer Hilfe ein völlig neuer Mensch zu werden.
- Man fordert mich auf, mich ganz der Gruppe anzuvertrauen – andere Lösungsmöglichkeiten seien ohnehin untauglich.
- Seitdem ich Interesse bekundet habe, versucht man, mich mit allen Mitteln zur Mitgliedschaft zu bewegen (durch Tests, Gespräche, Seminare, Lektüre usw.). Ich erhalte Anrufe, Zuschriften, Besuche und Einladungen.
- Mir fällt auf, dass es innerhalb der Gruppe keine kritischen Einwände gegen ihr Weltbild oder ihre Methoden gibt bzw. diese nicht erwünscht sind.
- Wenn ich (kritische) Fragen an die Gruppenmitglieder stelle, werde ich auf einen späteren Zeitpunkt vertröstet. Man gibt mir zu verstehen, dass ich noch nicht reif genug für die Antworten sei.
- Die Gruppe benutzt Symbole, Zeichen oder Fachausdrücke, die ich nicht kenne, deren Bedeutung sich mir jedoch im Laufe der Zeit erschließen soll.
- Die Gruppe ist hierarchisch strukturiert. An ihrer Spitze steht eine Person (Gründer/in, Führer/in), welche absolute Autorität besitzt und augenscheinlich sehr verehrt wird.
- Die Mitglieder der Gruppe fühlen sich als Elite, als Auserwählte. Sie strahlen ein deutliches Sendungsbewusstsein aus und sind erfüllt von einem starken Missionierungsdrang.

- Die Gruppenmitglieder vermitteln einen auffallend glücklichen und besonders freundlichen Eindruck. Alles wirkt sehr harmonisch. Man ist immer „gut drauf". Dennoch beschleicht mich ein unbehagliches Gefühl, das ich mir nicht erklären kann.
- Wer nicht „gut drauf" ist, dem/der wird vorgeworfen, dass er/sie etwas falsch gemacht haben muss – nicht die Gruppe! Er/sie wird öffentlich kritisiert, isoliert, verstoßen... Er/sie muss sich schuldig bekennen und bestimmten Maßnahmen unterziehen, um rehabilitiert zu werden.
- Ich habe den Eindruck, dass die Mitglieder der Gruppe kaum noch ein Privatleben führen. Eigene Wünsche und Interessen müssen sie den Gruppenzielen unterordnen.
- Menschen außerhalb der Gruppe – insbesondere Kritiker und ehemalige Mitglieder – werden abgewertet (als unwissend, krank oder böse bezeichnet) oder einfach nur bedauert, weil sie nicht im Besitz der „Wahrheit" sind.
- Man erwartet von mir, dass ich alle Aktivitäten und Kontakte außerhalb der Gruppe (Freundeskreis, Sport, Hobbys, Urlaub, u. U. sogar Schule und Ausbildung) aufgebe bzw. auf ein Minimum reduziere.
- Die Versprechungen und Verheißungen der Gruppe lösen in mir widersprüchliche Gefühle aus: Einerseits faszinieren sie mich, andererseits glaube ich nicht so recht daran.
- Trotz einiger Bedenken bin ich fest davon überzeugt, die Situation jederzeit im Griff zu haben.

Adressen für Informations- und Hilfesuchende

Hierhin könnt ihr schreiben oder anrufen, wenn ihr Fragen habt, Infos benötigt oder auch konkrete Hilfestellungen braucht. Sinnvoll ist es, möglichst ortsnahe Ansprechpersonen zu finden. Das ist gerade dann wichtig, wenn es um eine konkrete Hilfestellung geht. Vielleicht wird eine Person gesucht, die Ahnung hat, die sich in religiösen Fragen gut auskennt und mit euch zusammen überlegen kann, wie beispielsweise die Gruppe xy oder der Therapeut z zu bewerten ist. Oder was ist zu tun, wenn sich eine Freundin oder ein Freund stark verändert hat und ihr vermutet, dass hier eine (religiöse) Gruppe/Gemeinschaft Auslöser ist. Im Notfall gibt es auch die Telefonseelsorge mit der bundesweiten Telefonnummer: +0800 111 0 111 oder +0800 111 0 222. Im Internet findet ihr unter www.ksa-hamm.de/sekten/index.htm die Adressen der katholischen Weltanschauungsreferenten, die evangelischen Referenten können über die EZW (s. u.) erfragt werden. Die kennen wieder einige, die wiederum einige kennen... Es lohnt also, dort anzurufen.

Deutschland

Katholische Sozialethische Arbeitsstelle (KSA)
Referat Sekten- und Weltanschauungsfragen
Harald Baer/Stephan Weisz
Ostenallee 80, 59071 Hamm
Telefon (0 23 81) 9 80 20-0, Telefax (0 23 81) 9 80 20-99
E-Mail: ksa-hamm@t-online.de

Evangelische Zentralstelle für Weltanschauungsfragen (EZW)
Marianne Laube/Dr. Andreas Finke u. a.
Auguststraße 80, 10177 Berlin
Telefon (0 30) 28 395-211, Telefax (0 30) 28 395-212
E-Mail: EZW@compuserve.de

Bundesarbeitsgemeinschaft Kinder- und Jugendschutz
Ingrid Hillebrandt/Gerd Engels
Haager Weg 44, 53127 Bonn
Telefon (02 28) 29 94 21, Telefax (02 28) 28 27 73
E-Mail: baj-bonn@t-online.de

Österreich

Referat für Weltanschauungsfragen, Sekten und
religiöse Gemeinschaften der Erzdiözese Wien
Brigitte Holmes-Edinger/ Johannes Sinabell
Stephansplatz 6, A-1010 Wien
Telefon 00 43 (1) 51 552-3367*, Telefax 00 43 (1) 51 552-2316
E-Mail: rfw@edw.or.at

* von Deutschland aus so zu wählen; ansonsten Landesvorwahl weglassen und nur eine 0 davor wählen

Schweiz

Katholische Arbeitsstelle „Neue religiöse Bewegungen"
der Schweizer Bischofskonferenz
Pfarrer Joachim Müller
Wiesenstraße 2, Postfach 143, CH-9436 Balgach
Telefon/Telefax 00 41 (71) 722 33 17*
E-Mail: kath.ag.nrb@bluewin.ch

* von Deutschland aus so zu wählen; ansonsten Landesvorwahl weglassen und nur eine 0 davor wählen

Autoren und Ansprechpersonen

**Georg Bienemann:
„Vorsicht vor zu schneller Verurteilung!"**
Darum geht's mir in meiner Arbeit. Wie ich oft erfahre, werden religiöse Bewegungen und Gruppen schnell über einen Kamm geschoren: „Das ist eine Sekte, Sekten sind gefährlich!" Stimmt das? Ich setze mich für eine wahrhaftige Beurteilung ein. Nicht jede „Sekte" ist gefährlich. Für eine oder einen mag die spezielle religiöse Gruppe förderlich sein, für eine oder einen eher negativ und abträglich. Natürlich gibt es Organisationen, die sind gefährlich, weil sie die Freiheit von Menschen einschränken. Da müssen wir hellwach sein. Gerade auch, wenn Kinder und Jugendliche in fanatischen Gruppen sich schlecht entfalten können. Das sind Fragen und Themen, mit denen setze ich mich seit 1979 auseinander: Zunächst war ich Referent im Bischöflichen Jugendamt in Münster und musste mich anfangs mit den so genannten „Jugendreligionen" befassen. 10 Jahre später wurde ich Geschäftsführer der Katholischen Landesarbeitsgemeinschaft Kinder- und Jugendschutz Nordrhein-Westfalen e.V. Hier könnt ihr mich erreichen:

Anschrift:
Katholische Landesarbeitsgemeinschaft
Kinder- und Jugendschutz NW e.V.
Georg Bienemann
Salzstraße 8, 48143 Münster
Telefon: (02 51) 5 40 27, Telefax: (02 51) 51 86 09
E-mail: Kath.LAG.Jugendschutz.NW@t-online.de

Werner Höbsch:
„Sympathie für Sinnsucher"

Zu Hause zu bleiben, nur ausgetrampelte Wege zu gehen, die Eltern oder Lehrer möglichst zu kopieren, halte ich nicht für eine Tugend. Ich habe hohe Sympathie für Menschen, die aufbrechen, vertraute Wege verlassen und Neues wagen. Ich habe hohe Sympathie für Sinnsucher, die Fragen stellen, sich eigene Gedanken machen und alles prüfen und das Gute behalten, für die, die nicht allein im materiellen Wohlergehen und im Möglichst-viel-Geld-Verdienen den Sinn ihres Lebens sehen. Ich habe aber auch hohe Sympathie für die Menschen, die im Leben Antworten gefunden haben und trotzdem nicht oberlehrerhaft auftreten, für Menschen, die bereit sind, von ihrem Glauben und ihren Enttäuschungen, von ihren Zweifeln und Hoffnungen zu erzählen.

Nach meinem Studium der Theologie war ich von 1978 bis 1993 als Referent für religiöse Jugendfragen in der Abteilung Jugendseelsorge des Erzbistums Köln tätig. Seit 1993 bin ich als Referent im Seelsorgeamt für die Bereiche Weltanschauungsfragen, Spiritualität und Interreligiöser Dialog tätig.

Anschrift:
Erzbistum Köln
Hauptabteilung Seelsorge
Werner Höbsch
Marzellenstraße 32, 50668 Köln
Telefon: (02 21) 16 42 13 13, Telefax: (02 21) 16 42 13 70
E-mail: <u>hoebsch.seelsorge@erzbistum-koeln.de</u>

Literatur und Infos

Wer mehr wissen möchte, sich mit den Themen dieses Nachschlagewerks weiter befassen will, findet hier einige Tipps. Zu empfehlen sind die folgenden Bücher:

Judith Schumacher: Der schwarze Schmetterling. Düsseldorf 1998. Patmos Verlag. Eine amerikanische Sekte, die deutlich der Scientology-Organisation ähnelt, versucht über die Förderung des künstlerischen Nachwuchses Einfluss auf Jugendliche zu gewinnen. Eine Firma in den USA, die Comics produziert und weltweit vertreibt, hat sie bereits unterwandert. Auch wenn einige „Sekten"-Klischees etwas zu platt wiedergegeben werden, sensibilisiert dieser spannend geschriebene Jugendroman für mögliche subtile Werbemethoden von Psychoorganisationen.

Jana Frey: Das eiskalte Paradies. Ein Mädchen bei den Zeugen Jehovas. Bindlach 2000. Loewe Verlag. Erzählt wird die Geschichte eines Mädchens, das im Kleinkindalter ihre Mutter verliert. Durch ihre Stiefmutter kommt sie zu den Zeugen Jehovas und wird in das Leben der Gemeinschaft Schritt für Schritt eingeführt. Hannah, so heißt das Mädchen, fühlt sich zunächst geborgen und auserwählt. Spannend wird das Ausbrechen aus den Zwängen dieser Gemeinschaft erzählt. Deutlich wird, dass die Autorin weiß, worüber sie schreibt: Die Geschichte von Hannah ist nämlich so oder so ähnlich passiert. Viele Interviews mit der echten Hannah waren nötig, damit dieser Jugendroman entstehen konnte.

Eine gute Einführung in den „Esoterik-Markt" ist auf einer CD-ROM zu finden: **Esoterisches Kaufhaus. Glück & Sinn. Internet-Angebote auf dem Weltanschauungsmarkt. Mönchengladbach 2000. B. Kühlen-Verlag.** Die CD-ROM vermittelt lebendige Einblicke in die Welt der Esoterik – in ihre Verheißungen von Glück und Sinn, von Heil und Heilung, von Erkenntnis und Befreiung.

Literatur und Infos

Sie bietet Diskussionsstoff für Schule und Jugendarbeit. 34 esoterische Angebote werden in fünf Abteilungen präsentiert: Astrologie und Zukunft, Okkultes und Magisches, Gesundheit und Therapie, Spiritualität und Selbsterfahrung, Schönheit und Design.

Drei Nachschlagewerke seien empfohlen. Wer beispielsweise zu einem weltanschaulichen Thema ein Referat schreiben muss, findet hier viele Einzelinformationen: **Horst Reller, Hans Krech, Matthias Kleiminger (Hg.): Handbuch Religiöse Gemeinschaften und Weltanschauungen. Gütersloh 2000 (5. neu bearbeitete Auflage). Gütersloher Verlagshaus.** Dieses Handbuch mit seinen 1112 Seiten ist von evangelischen Theologen geschrieben und bearbeitet worden. Es kann vermutlich bei evangelischen Pfarrämtern eingesehen und ausgeliehen werden. Vielleicht ist es auch in der Schulbibliothek zu finden. Da sollte dieses dicke Buch und/oder das folgende Nachschlagewerk zu finden sein: **Hans Gasper, Joachim Müller, Friederike Valentin (Hg.): Lexikon der Sekten, Sondergruppen und Weltanschauungen. Freiburg 2000 (6. überarbeitete Auflage). Herder Verlag.** Dieses Lexikon ist im katholischen Bereich entstanden und als Paperback erschienen. In über 300 Artikeln gibt es einen gut fundierten Einblick in die weltanschauliche Szene. Natürlich richten sich die hier genannten Nachschlagewerke zunächst an Erwachsene. Aber Schülerinnen und Schüler, die am Thema sind, werden hiermit zurechtkommen. Das gilt auch für eine Veröffentlichung der Stiftung Warentest: **Krista Federspiel, Vera Herbst: Die andere Medizin. Nutzen und Risiken sanfter Heilmethoden. Berlin 1994. Stiftung Warentest.** Dieses Handbuch informiert über Ursprünge, Methoden und Hintergründe vieler Naturheilverfahren und „esoterischer Therapien". Es werden hier Anwendungsgebiete und Grenzen von über 100 Verfahren thematisiert. Das Buch verschweigt nicht die möglichen Risiken und Nebenwirkungen. Gut verständlich geschrieben.

Literatur und Infos

Um Fragestellungen, Themen und Arbeitsweisen der Parapsychologie geht es in: **Walter von Lucadou, Manfred Poser: Geister sind auch nur Menschen. Was steckt hinter okkulten Erlebnissen? Ein Aufklärungsbuch. Freiburg 1997. Herder Verlag.** Es ist geschrieben für Erwachsene. Die Autoren geben anschaulich klärende Informationen für den Umgang mit paranormalen Erlebnissen.

Wer weitere Infos benötigt: Es lohnt sich der **Blick ins Internet auf www.kas-hamm.de**. Videos zum Thema gibt es bei Bildstellen der Kommunen und Kirchen. Eine Videoliste kann bei uns (siehe Seite 119/120) kostenfrei angefordert werden. Darüber können vermutlich auch Religionslehrerinnen und Religionslehrer Auskunft geben. Für diese gibt es übrigens viele gute Arbeitshilfen und Materialien. Beispielsweise: **Bausteine für Jugendarbeit und Schule zum Thema „So genannte Sekten und Psychogruppen". Hrsg. Ministerium für Frauen, Jugend, Familie und Gesundheit des Landes NRW. Düsseldorf/Köln 2000.** Diese Arbeitshilfe ist auch für Jugendliche und Erwachsene interessant, die in der Jugendarbeit aktiv sind. Sie kann bezogen werden bei der Katholischen Landesarbeitsgemeinschaft Kinder- und Jugendschutz NW e.V., Salzstraße 8, 48143 Münster, Telefon (02 51) 5 40 27. Zum Thema kritischer Umgang und Vorbeugung: **Georg Bienemann. Gefahren auf dem Psychomarkt. Was bedeutet Prävention? Eine Klärungshilfe nicht nur für Pädagogen. Münster 1997. Votum Verlag.**

Wenn es weitere Fragen gibt: Mit einer der Fachstellen (siehe Seite 117/118) oder den Autoren dieses Buches (siehe Seite 119/120) kann Kontakt aufgenommen werden.

Wichtige Persönlichkeiten aus der „Szene"

Bertschinger, Erika (Uriella)
(geb. 1929) gründete 1980 die Neuoffenbarungsgruppe „Fiat Lux", von Anhängern wird sie als Sprachrohr Gottes angesehen.

Blavatsky, Helena Petrowna
(1831–1891) rief 1875 die „Theosophische Gesellschaft" in New York ins Leben und ist mit ihren Gedanken und Schriften für die heutige Esoterik maßgebend.

Capra, Fritjof
hat als Physiker mit seinen Büchern „Tao der Physik", „Wendezeit" u. a. die New-Age-Bewegung wesentlich beeinflusst. Er will zu einem neuen Denken anleiten, in dem Naturwissenschaft und Spiritualität verbunden sind.

Crowley, Aleister
(1875–1947) gilt als Vater des modernen Satanismus. Satanische Gruppen beziehen sich auf seine okkulte Gedankenwelt.

Hubbard, Lafayette Ron
(1911–1986) gründete 1954 in Kalifornien die Scientology-Organisation, der er bis zu Beginn der 80er Jahre vorstand. Seine Bücher und Schriften sind auch heute noch die einzig richtungsweisenden für Scientology.

Krishnamurti, Jiddu
(1895–1986), Sohn einer indischen Brahmanenfamilie, wurde 1909 in der Theosophischen Gesellschaft als wiedergeborener Christus ausgerufen. Im Verlauf seines weiteren Lebens löst er sich immer mehr aus der Theosophischen Gesellschaft und wird zu einem eigenen spirituellen Lehrer.

Lorber, Jakob
(1800–1864) wird zu den Neuoffenbarern gerechnet. Als „Schreibknecht Gottes" will er aus der „Himmelswelt" Botschaften empfangen haben, die in 25 Büchern zusammengefasst sind.

Mahesh Prasad Varma (Maharishi Mahesh Yogi)
(geb. 1918) lehrt die „Transzendentale Meditation" (TM), eine aus Indien stammende Meditationstechnik. Innerhalb der TM-Bewegung mit ihren zahlreichen Unterorganisationen wird er als Guru verehrt.

Mun, San Myung
(geb. 1920) fühlt sich berufen, als Messias die Sendung Jesu zu vollenden. 1954 gründet er die „Vereinigungskirche". In dem Werk „Die Göttlichen Prinzipien" sind die religiösen Lehren und Offenbarungen Muns grundgelegt.

Prabhupada, Bhaktivedanta Swami
(1896–1977) gründete 1966 in New York die „Internationale Gesellschaft für Krishna-Bewusstsein", auch Hare-Krishna-Bewegung genannt. Sein Anliegen, das von der Krishna-Bewegung weitergetragen wird, war es, hinduistisches Gedankengut im Westen zu verbreiten.

Rajneesh, Chandra Mohan (Bhagwan/Osho)
(1931–1990) stammte aus Indien und gründete 1974 in Poona einen Ashram, der besonders junge Menschen aus dem Westen anzog. Er bot in gleicher Weise Therapie und Meditation. Von seinen Anhängern wurde er „Bhagwan" (der Erhabene), später Osho genannt. Die heutige Osho-Bewegung verehrt ihn auch nach seinem Tod als Guru.

Wichtige Persönlichkeiten aus der „Szene"

Sathya Sai Baba
(geb. 1926) ist einer der bekanntesten Gurus Indiens, der auch im Westen zahlreiche Anhänger hat. Er gilt als großer Wundertäter und will alle Religionen in seiner Sathya-Sai-Organisation zusammenführen.

Sri Chinmoy
(geb. 1931) tritt als spiritueller Lehrer, Künstler und Sportler auf. Seine Anhänger werden in Sri Chinmoy Centers zur Meditation angeleitet, durch die sie sich täglich mit dem Guru verbinden können. Er ist auch durch seine „Friedensläufe" und Konzerte im Westen bekannt geworden.

Steiner, Rudolf
(1861–1925) gründete 1912/13 die „Anthroposophische Gesellschaft", nachdem er die „Theosophische Gesellschaft", deren Generalsekretär er in Deutschland war, verlassen hatte. In seiner anthroposophischen Lehre will er die Einsicht in ihm eröffnete geistige Zusammenhänge und höhere Welten vermitteln.

Wittek, Gabriele
(geb. 1933) gründete Mitte der 70er Jahre die Gruppierung „Universelles Leben" (vormals: „Heimholungswerk") mit Sitz in Würzburg. Sie wird von den Anhängern als Prophetin gesehen, die angeblich neue Offenbarungen erhält. Dabei vermischt sie fernöstliches Gedankengut mit christlichen Versatzstücken.

Register

Akte X **105 ff**, 106
Alchemie 15
Animismus 15
Anthroposophie 16, 77
Apokalypse 16
Apporte 21
Aromatherapie 21, 35
Astralkörper/Astralleib 21
Astrologie 21, 35
ASW 21, 67
Aura 21
Aura-Soma 22
Außerirdische 106
Automatisches Schreiben 23, 90
Automatismus 22, 90
Ayurveda 23, 35
Bach-Blütentherapie 25
Bewusstseinserweiterung 25, **72 f**
Brain-machine 25
Buddhismus **33**, 55, 76
Chakra 25
Channeling 26, 60
Christentum 64, **75**, 76
Déjà-vu-Erlebnisse 27
Dematerialisation 27, 67
Dualismus 27
Edelsteintherapie 30
Elitebewusstsein **40 ff**
Endzeit 30
Energien 30
Engel 31, 86, 106
Entmythologisierung 62
Erdstrahlen 32
Esoterik 32, **34 ff**
Fachstellen 117
Farbtherapie 37
Fee 37
feinstofflich 37
Feng Shui 37
Ferner Osten **53 ff**
Fernheilung 38
Freikirchen 38
Fundamentalismus **17 ff**, 38
Gebet 39
Gedankenübertragung 97
Gefahr 10, 40, 91, 102, 112, 115
Geister 43, 68
Geistheilung 43
Gläserrücken 43
Glaube 44, 75
Gnosis 44
Gott 45, **46 f**, 52, 75, 100
grobstofflich 37
Guru 48
Handlesen 35, 48
Hellhören 49
Hellsehen 48
Hexen 49
Hilfe **112**, **117**
Hinduismus **14**, 53 ff, 76
Horoskop 50
Hypnose 50
I Ging 50
Information 113, 117, 121
Inkarnation 56
Islam 76, **100**
Jenseits 35, 56
Jenseitskontakte 35, 56, 90
Judentum **52**, 64, 76
Jugendamt 113
Jugendschutz 119
Jugendsekte 56
Karma 14, 40, 57, 76, 41
Kirche 57, 75
Kirlianfotografie 57
Kristallkugel 57
Levitation 58
Literatur **121 ff**
Magie 58
Manipulation 10, 40, 80, 102, 112, 115
Materialisation 58
Meditation 35, 53 f, 58
Meditationskassetten 58

Register

Medium 59
Mediumistische Psychose 59
Menschenbild 40
Mental 59
Metaphysik 59
Mysterie-Serien 106
Mystik/Mystagogie 62
Mythos 62
Neuoffenbarung **60f**
Neureligiöse Bewegungen 95
New Age 62
Nirwana 64, 77
Offenbarung 17ff, 47, **60f**, 64, 75, 100
Okkultismus 65, 89
Orakel 65
Paranormal 67, 69
Parapsychologie 65, **66**, 91
Pendel 35, 69
Positives Denken 69
Präkognition 66, 70
Prophet 52, 70
Psi **66ff**, 71, 106
Psi-Faktor **66ff**
Psychokinese 67, 71
Psychokult 71, **72f**, **95**
Radiästhesie 71
Rebirthing 74
Reiki 35, 74
Reinkarnation 14, 33, 35, 40, 61, 74, **76f**
Reinkarnationstherapie 74
Religion **28f**, **46f**, 78, **93f**
Religiosität 78
Rosenkreuzer 34, 84
Runen 84
Rute 110
Satanismus 84
Schamanismus 85
Schreibendes Tischchen 86, 90
Schreibzwang 86
Schutzgeister 85
Schwarze Magie 86
Schwarze Messe 87

Seele 35, 87
Seelsorgeamt 120
Sekte 87
Spiritismus 88, **89ff**, 106
Spiritualität 54, 92
Spökenkieker **66ff**
Spukerscheinungen 67, 92
Suggestion 92
Synkretismus 92
Talisman 96
Tantrismus 96
Tarot 35, 96
Telefonseelsorge 113, 117
Telekinese 97
Telepathie 97
Test **115**, 103
Teufel 97
Theologie 98
Theosophie 34, 98
Theosophische Gesellschaft 98
Therapie/Therapeut 72, 99, 102
Tonbandstimmen 99
Tonbandstimmenforschung 99
Totenkontakte 90
Transzendenz 104
UFO 104, **105ff**
Ursymbole 81
Veda/Veden 14, 109
Voodoo 109
Vorsichtsmaßnahme 42, 102, 113, 115
Wassermannzeitalter 109
Weiße Magie 109
Wendezeit 109
Werbemethoden 101
Werbepsychologie 81
Werbung **80**
Wiccakult 110
Wiedergeburt 14, 33, 61, 74, 76
Wünschelrute 110
Yin und Yang 111
Yoga 35, 111
Zweites Gesicht 66